Claus Westermann

Die Joseph-Erzählung

Elf Bibelarbeiten
zu Genesis 37–50

Calwer Verlag Stuttgart

CIP-Titelaufnahme der Deutschen Bibliothek

Westermann, Claus:
Die Joseph-Erzählung: 11 Bibelarbeiten zu Genesis 37–50 /
Claus Westermann. – Die Ausg. ... ist vom Verf. durchges. –
Stuttgart: Calwer Verl., 1990
  (Calwer Taschenbibliothek; 1)
  ISBN 3-7668-3058-9
NE: GT

Die Ausgabe folgt einer früheren Veröffentlichung in »Calwer Predigthilfen.
Alttestamentliche Texte« und ist vom Verfasser durchgesehen.

ISBN 3-7668-3058-9

© 1990 by Calwer Verlag Stuttgart
Alle Rechte vorbehalten. Wiedergabe, auch auszugsweise, nur mit Genehmigung
des Verlags
Umschlag: Ottmar Frick, Reutlingen, unter Verwendung einer Illustration
zur Lutherbibel von Lukas Cranach d. Ä.: Josephs Traumdeutung von den
sieben fetten und sieben mageren Jahren
Satz: IBV Satz- und Datentechnik GmbH, Berlin
Druck: Gutmann + Co, Heilbronn
Verarbeitung: Verlagsbuchbinderei W. Weber, Plüderhausen

Inhalt

Zur Umschrift des Hebräischen	7
Abkürzungen in der Erklärung der Worte	8
Einleitung	9
Zur Entstehung der Joseph-Erzählung	11
Der Ort der Joseph-Erzählung in der Bibel	12
Der Aufbau der Joseph-Erzählung	14
Literatur zur Josephgeschichte	15
Das Zerbrechen des Friedens in Jakobs Familie (37)	17
Josephs Fall und Erhöhung (39, 1–23)	34
Vorbereitung der Erhöhung Josephs (40, 2–23)	45
Josephs Erhöhung (41, 1–32)	53
Josephs Erhöhung und sein Amt in Ägypten (41, 33–57)	62
Erste Reise der Brüder nach Ägypten (42)	69
Zweite Reise der Brüder nach Ägypten (43)	78
Der Becher (44)	86
Joseph gibt sich zu erkennen und verzeiht (45)	94
Jakob segnet den Pharao (47, 7–10)	100
Endgültige Vergebung (50, 15–21)	105

Zur Umschrift des Hebräischen

Die Konsonanten

ʾ	aleph	ṭ	tet	ʿ	ajin
b	bet	ḥ	chet	p	pe
g	gimel	j	jod	ṣ	zade
d	daleth	k	kaph	q	qoph
h	he	l	lamed	r	resch
ḫ	he mit mappiq	m	mem	ś	sin
w	waw	n	nun	š	schin
z	sajin	s	samech	t	taw

Die Vokale

a	qamaez	æ	segol	o	cholaem
å	qamaez chatuph	e	zere	u	qibbuz
ă	patach	i	chiraeq		

Vokale mit einer mater lectionis

æ̂	segol mit jod	û	schuraeq mit	ē	zere mit he
ê	zere mit jod	ā	waw	âw	qamaez mit jod
î	chiraeq mit jod	ǣ	qamaez mit he		und waw
ô	cholaem mit waw		segol mit he		

Chateph-Laute

å̆	chateph-qamaez	æ̆	chateph-segol	~	patach furtivum
ă	chateph-patach	ĕ	schᵉwa mobile		

7

Abkürzungen in der Erklärung der Worte

c suff	cum suffix	pt	Partizip
fem	feminin	pi	piʿel
hif	hiphʿil	pl	Plural
hitp	hitpaʿel	pu	puʿal
hof	hofʿal	q	qal
imp	Imperativ	s.	siehe
impf	Imperfekt	sg	Singular
inf	Infinitiv	stat abs	status absolutus
m	masculin	stat cstr	status constructus
nif	niphʿal	suff	Suffix
pass	Passiv	vgl.	vergleiche
pers	Person	V.	Vers
pf	Perfekt	waw cons	waw consecutivum

Einleitung

Es gibt wohl keinen Teil der Bibel, der so menschlich von Gott redet wie die Joseph-Erzählung. Wer diese Erzählung mit ganzer Hingabe liest, bei dem kann ein Gefühl der Fremdheit gar nicht aufkommen; was hier in einem kleinen Menschenkreis geschieht, das ist uns alles vertraut. Beim Lesen erstaunt es einen immer wieder, das meiste, was hier erzählt wird, könnte heute ebenso oder ähnlich geschehen. Es zieht sich durch die Szenen dieser Erzählung vielerlei uns so Bekanntes, daß es eines Überbrückens aus einer fernen Zeit und einem fernen Land gar nicht bedarf.
Was die Szenen und die Formen der Gemeinschaft betrifft: Es beginnt in einer Familie, dann erweitert sich die Szene in die Öffentlichkeit bis zu staatlich-politischer Weite, und die Folge der Geschehnisse endet wieder in der Familie.
Ein Vater hat eine Vorliebe für einen seiner Söhne, die Vorliebe bewirkt Haß bei den Zurückgesetzten, der Haß führt zu Verbrechen und zu unschuldigem Leiden, aber einer ist da, der sich verantwortlich fühlt. Nach vielen Verwirrungen wird es auf einmal wichtig, daß ein alter Mann in Frieden sterben kann.
Die Familie gerät ohne Schuld in eine Hungerkatastrophe, die es damals wie heute gab und gibt. Der kleine Familienkreis wird in die Schicksale der großen Welt hineingerissen. Seine Glieder bekommen es mit den Mächtigen dieser Welt zu tun und sind ihnen ausgeliefert. Der kleine Mann wird ins Gefängnis geworfen; daß er unschuldig ist, spielt keine Rolle. Die Hungernden kommen zu den Mächtigen, die Brot die Fülle haben; sie müssen sich vor ihnen niederwerfen, um nicht zu verhungern, und sind ohnmächtig, wenn ihnen Unrecht geschieht – damals wie heute.
Dies alles ist verwoben mit einer Geschichte von Schuld und Strafe, von Schuld und Vergebung, einer Geschichte vom Zerreißen und Heilen in dem kleinen Menschenkreis, in dem das Ganze anfing. Und – wie seltsam! – am Ende segnet einer von diesen kleinen Leuten, die aus dem Elend kamen, den großen Pharao! Es ist einer da, der alle Fäden in der Hand hält, im Großen und im Kleinen.

Es wird nützlich und hilfreich sein, zu den einzelnen Teilen der Erklärung den Bibeltext daneben zu halten und mit der Erklärung zu vergleichen, den Text der revidierten Luther-Bibel oder der Zürcher Bibel. Meine eigene Übersetzung finden Sie in meinem Kommentar zur Genesis oder in der gekürzten Ausgabe »Am Anfang«.

Zur Entstehung der Joseph-Erzählung

Die Kap. 37–50 der Genesis sind eine Familienerzählung; sie gehört zu den Vätererzählungen, die ihr in Kap. 12–36 voraufgehen. Die Erzählung beginnt mit einem Streit zwischen den Brüdern; am Ende wird erzählt, wie es zur Versöhnung zwischen Joseph und seinen Brüdern und dem Wiedersehen mit dem Vater kommt. Die noch folgenden Kap. 46–50 bilden den Abschluß der Joseph-Erzählung, sie gehören eng zu Kap. 25–36. – Die Joseph-Erzählung im engeren Sinn, also Kap. 37; 39–45, bildet einen festen, lückenlosen Zusammenhang und ist in sich einheitlich. Ihr Einsatz in Kap. 37 ist mit Abschnitten aus der Jakobgeschichte verbunden, in ihr sind zwei Erzählfäden nebeneinander (z. B. bei den Namen) zu erkennen. – Der Abschluß der Jakobgeschichte in Kap. 37; 46–50 hat zum Gegenstand, wie Jakob mit seiner Familie nach Ägypten kam; in diesen Abschluß der Jakobgeschichte ist die Joseph-Erzählung Kap. 37–45 eingefügt; sie ist unabhängig von ihr entstanden und kunstvoll mit ihr verflochten. Wegen dieser Einfügung ist der Abschluß von 37–45, das Deutewort 45,5–8, in 50,17–21 noch einmal wiederholt.

Der Ort der Joseph-Erzählung in der Bibel

Die Josephgeschichte gehört ihrem Gegenstand nach in den Komplex der Vätergeschichten, der von Gen. 12–50 reicht. Diese Erzählungen zwischen Gen. 12 und 50 bewegen sich alle im Bereich der Sippe oder Familie und weisen damit auf eine Epoche zurück, in der die Familie der das ganze Dasein bestimmende Bereich war. Und hierin liegt zunächst einmal die geschichtliche Bedeutung des ganzen großen Kreises der Vätererzählungen, daß sie eine Epoche der Geschichte bewahrt haben, in der das in der Familie Geschehende das Dasein der Menschen bestimmte. Es ist eine *vor*politische Epoche, die in den Vätergeschichten bewahrt wird. Das bezieht sich auch – sogar in erster Linie – auf das, was in diesen Erzählungen zwischen Gott und Mensch geschieht; alles dies spielt sich im Raum der Familie ab und bezieht sich auf Vorgänge, die das Dasein in der Familie ausmachen: die Geburt eines Kindes, die Gefährdung und Bewahrung der Mutter, Kinderlosigkeit und wunderbare Erlösung aus ihr, Rivalität zwischen Hauptfrau und Nebenfrau, Streit zwischen zwei Brüdern, das Recht der Erstgeburt und ihr Verlust, der Segen des Vaters und die Werbung um die Braut für den Sohn. Mit alledem ist nun in diesen Erzählungen auf das engste das Wirken Gottes verbunden, seine Weisung und seine Verheißung, seine Gaben und der Entzug seiner Gaben, sein Reden und sein Schweigen. Die theologische Seite aller dieser Erzählungen also kann nicht von den Gemeinschaftsformen abgelöst werden, in denen sich all das vollzieht, was hier erzählt wird.

Innerhalb des Komplexes der Vätergeschichten steht die Josephgeschichte am Schluß, das heißt im Übergang von der Familiengeschichte zur Volksgeschichte, und gleichzeitig dort, wo die Familie sich zur Welt hin öffnet. Der Übergang von der Familien- zur Volksgeschichte zeigt sich auf mancherlei Weise, vor allem aber darin, daß in der Joseph-Erzählung immer wieder das Problem politischer Herrschaft erwogen und durchdacht wird, vor allem das grundlegende Problem des Königtums: Wie kann ein Bruder der Beherrscher seiner Brüder sein? In den Träumen Josephs geht es unter anderem um dieses Problem. Noch viel intensiver

aber zeigt die Joseph-Erzählung die geschichtliche Phase, in der die für sich lebende Sippe mit der großen Welt in Berührung kommt und sich selbst zur Welt hin öffnet; immer wieder treffen wir auf das lebendige, wache Staunen in der Begegnung mit einer weitaus überlegenen Kultur, mit den wirtschaftlichen und politischen Institutionen eines Weltreichs und mit den Mächtigen und Gewaltigen in diesem Reich. In alledem spiegelt sich deutlich die geschichtliche Erfahrung des Überschreitens der Schwelle von einer Daseinsform, die völlig bestimmt war vom Leben der wandernden Sippe, ihren Lebensbedürfnissen und ihren Erfahrungen mit dem sie leitenden und bewahrenden Gott, in eine neue Daseinsform hinein, die von ganz anderen Faktoren bestimmt wurde: die Daseinsform des werdenden Volkes. Es ist sehr verständlich, daß gerade dieser Übergang die bisherigen Lebensformen, also eben das Dasein in der Familie und ihren Ordnungen ins hellste Bewußtsein brachte. Die die Vätergeschichten abschließende Joseph-Erzählung hat es daher vermocht, die tiefsten Erkenntnisse und Erfahrungen vom Wirken Gottes in der alten Ordnung der Familie zu einer Erzählung zu gestalten, die in höchstem Maße geeignet war, eben diese Erkenntnisse und Erfahrungen den kommenden Generationen weiterzugeben, die in neuen Daseinsformen zu leben hatten.
Fragen wir nach dem Ort der Joseph-Erzählung in der Bibel, so ist diese mit dem bisher Gesagten noch nicht genügend bestimmt. Geschildert wird diese letzte Phase der Vätergeschichte, diese Phase des Übergangs von der Sippe zum Volk und zum Hineinwachsen in die große Welt aus dem Blickpunkt einer sehr viel späteren Zeit, der Zeit des davidisch-salomonischen Reiches. Wir haben also mit einer in unserem Sinn historischen Darstellung von vornherein nicht zu rechnen; die Erzählung will vielmehr jenen Ausgang der Väterzeit aus dem Blickpunkt einer späteren Epoche schildern. Dennoch können wir in der Darstellung einer so viel späteren Zeit noch klar umrissen die Grundvorgänge erkennen, die nur aus der Väterzeit selbst zu erklären sind.

Der Aufbau der Joseph-Erzählung

Sie ist gegliedert durch ihre beiden Schauplätze: das Haus der Familie Jakobs und der ägyptische Königshof. Die Familienerzählung führt von dem drohenden Bruch in der Familie Jakobs (37) zur Heilung des Bruches (45), ermöglicht durch den Aufstieg Josephs in ein hohes Staatsamt am ägyptischen Hof. Der Erzählverlauf hat zwei Erweiterungen: 39–41 der Aufstieg Josephs und 42–45 die Reisen der Brüder, wobei die beiden Schauplätze miteinander verknüpft werden. – In diesem Aufbau mit den beiden Erweiterungen und der Steigerung durch die Reisen zeigt sich das Werk eines Dichters. Hinter der Zweigliederung stehen zwei Abschnitte der Geschichte des Volkes Israel: die Väterzeit und die Zeit des Königtums. Es geht dabei um die Frage des Verhältnisses des Königtums zu den alten Ordnungen der Frühzeit. (Wahrscheinlich ist diese Erzählung in der Zeit des davidisch-salomonischen Königtums entstanden.)

Literatur zur Josephgeschichte

I. Kommentare

H. Frey, Das Buch der Führung (Gen. 36–50), Stuttgart ⁵1980 (Botschaft des AT 4)

H. Gunkel, Genesis (in Handkommentar zum AT, hrsg. von Nowack), Göttingen ⁹1977 (Nachdruck der ³)

P. Heinisch, Das Buch Genesis (in HSAT, kath.), Bonn 1930

H. Holzinger, Genesis (in Kurzer Handcommentar z. AT), 1898

O. Procksch, Die Genesis (in KAT, ed Sellin), ²,³1924

G. von Rad, Das erste Buch Mose (in ATD), Göttingen ¹²1987

C. A. Simpson, Genesis (in Interpreter's Bible, Bd. I), New York 1952

J. Skinner, Genesis (in Intern. Crit. Commentary), Edinburgh ²1930 und 1951

II. Monographien zur Josephgeschichte im Ganzen

C. T. Fritsch, »God was with Him«, A Theological Study of the Joseph Narrative, Interpretation 9, 1955, S. 21–34

H. Greßmann, Ursprung und Entwicklung der Joseph-Sage (in Eucharisterion f. Hermann Gunkel I, S. 1–55), Göttingen 1923

H. Gunkel, Die Komposition der Joseph-Geschichten, Zeitschr. d. Deutsch. Morgenl. Ges. 76, 1922, S. 55–71

G. von Rad, Josephsgeschichte und ältere Chokma, Suppl. Vet. Test. Vol. I (1953), S. 120 ff. (= Ges. Stud. S. 272 ff.)

Ders., Die Josephsgeschichte, Bibl. Studien, Heft 5, Neukirchen 1954

Ferner: H. Eising, Formgeschichtliche Untersuchung zur Jakobserzählung der Genesis, Emsdetten 1940, S. 326–415 (kath.)

Vgl. auch G. v. Rad, Theol. d. AT, Bd. 1, S. 186 f. und 445

III. Einzeluntersuchungen

F. Cunen, Les pratiques divinatoires attribuées à Joseph d'Egypte, R. Sc. Rel. 33 (1959), 396–404

G. R. Driver, Two problems in the OT examined in the light of Assyriology, I The Provision of Joseph's Family in Egypt (Gen. 47, 12–17), Syr. 33 (1956), 70–78

A. M. Honeyman, The Occasion of Joseph's Temptation, Gen. 39, 11 ff. Vet. Test. 2, 1952, S. 85 ff.

J. M. A. Janssen, Egyptological Remarks on the Story of Joseph in Genesis JEOL 14, 1955s., S. 63–72 (Bibliographie!)

O. Kaiser, Stammesgeschichtliche Hintergründe der Josephsgeschichte, Vet. Test. 10 (1960), S. 1–15

K. A. Kitchen, The Term ušq in Gen. 41, 46. Exp. Tim. 39 (1957s.), S. 30
Ders., Art. Joseph in The New Bible Dictionary, London 1962, S. 656–660

W. L. Moran, Gen. 49, 10 and its Use in Ez. 21, 32, Bib. 39 (1958), S. 405–423

S. Raeder, Die Josephsgeschichte im Koran und im Alten Testament, Ev. Th. 1966/4, S. 169–190

N. H. Snaith, Notes on the Hebrew Text of Gen. 40–44, London 1950
J. Vergote, Joseph en Egypte, Louvain/Leuven 1959
W. A. Ward, Egyptian Titles in Gen. 39–45, BS 114 (1957), S. 41–59
Ders., The Egyptian Office of Joseph, JSS 5 (1960), S. 144–150

IV. Auslegungsgeschichte

A. W. Argyle, Joseph the Patriarch in Patristic Teaching, Exp. Tim. 67 (1956), S. 199–201

H. A. Brougers, De Jozefsgeschiedenis bij Joden, Christenen en Mohammedanen, Wageningen 1962

E. Hilscher, Der biblische Joseph in orientalischen Literaturwerken, MIOr 4, 1956, S. 81–108

C. Westermann, Tausend Jahre und ein Tag, Stuttgart ⁴1962, S. 45–57
Weitere Literatur siehe in C. Westermann, Genesis 37–50, Neukirchen 1982 (Biblischer Kommentar Altes Testament)

Erste Bibelarbeit:

Das Zerbrechen des Friedens in Jakobs Familie

1. Mose 37

I. Zum Text

2	wăjjabe'	3. m sg impf hif von bô' kommen, hif bringen
	dibbatam	dibbā (übles) Gerede c suff 3. m pl
3	k^etonæt păssîm	Ärmelrock
4	dăbb^erô	man lese nach der Septuaginta dăbber lô mit ihm reden
5	'alummîm	von 'alummā Garbe
7	t^esubbǽnā	3. f pl impf q von sabāb umringen
	wăttištăḥ^awǽna	3. f pl impf hitp von šḥḥ hitp sich beugen, sich niederwerfen mit waw cons
9	jare͡ḥ	Mond
14	wăh^ašibenî	2. m sg imp hif von šûb sich wenden, hif zurückbringen c suff 1. sg und waw
18	wăjjitnăkk^elû	3. m pl impf hitp von nakăl hitp Arglist üben
	lăh^amîtô	inf cstr hif von mût sterben, hif töten c suff 3. m sg und l^e (um zu)
20	năšlikehû	1. pl impf hif von šlk hif werfen c suff 3. m sg
21	wăjjăṣṣilehû	3. m sg impf hif von nṣl hif entreißen, retten c suff 3. m sg und waw cons
	năkkænnû	1. pl impf hif von nkh hif schlagen c suff 3. m sg
23	wăjjăpšîṭû	3. m pl impf hif von pašăṭ hif jemand etwas ausziehen mit waw cons
25	n^eko't	Gummi
	ûṣ^erî	ṣ^arî Balsam mit waw
	loṭ	(wohlriechendes) Harz
26	kissînû	1. pl pf pi von ksh pi bedecken
29	wăjjašāb	3. m sg impf q von šûb zurückkehren mit waw cons
32	hăkkær-na'	2. m sg imp hif von nkr hif betrachten (na' doch); V. 33: wăjjăkkîraḫ 3. m sg impf hif c suff 3. sg und waw cons

35 wăjjaqumû 3. m pl impf q von qûm aufstehen mit waw cons
'ered 1. sg impf q von jarăd hinabsteigen
wăjjebk 3. m sg impf q von bakā weinen mit waw cons (verkürzte Form)

II. Aufbau

Stark vergröbernd verläuft die Erzählung in Kap. 37 so:
1) Die Vorliebe des Vaters und ihre Auswirkung, V. 3–4
2) Josephs Träume, V. 5–11
3) Die Beseitigung Josephs durch seine Brüder, V. 12–30
4) Die Trauer des Vaters, V. 31–35.
Nun ist aber gerade in Kap. 37, in der Exposition der Joseph-Erzählung, der verschiedene Einsatz zweier verschiedener Fäden des Erzählens deutlich wahrzunehmen. Tatsächlich lassen sich in Kap. 37 zwei in sich so gut wie vollständige Erzählungen rekonstruieren, zwei in sich selbständige Darstellungen, wie es zu dem Riß in der Familie Jakobs und zu Josephs Verkauf nach Ägypten kam. Es sei hier vorausgeschickt: In der Darbietung vor der Gemeinde ist es durchaus berechtigt, Kap. 37 in seiner Endgestalt zugrunde zu legen; für den Auslegenden aber ist es unerläßlich, daß er die Entstehungsgeschichte des Textes kennt, damit er jeder der beiden hier zusammenkommenden Stimmen ihr Recht und ihren Anteil am Ganzen geben kann. Hier sei auf die einschlägigen Kommentare bzw. Einzeluntersuchungen hingewiesen (s. Literatur zur Josephgeschichte, S. 15f.).

III. Zur Auslegung

In *V. 1–2* spricht die Priesterschrift (= P). V. 1 ist Abschluß der Jakob-Erzählung oder Überleitung von ihr zur Joseph-Erzählung. V. 2 ist ein eigener, selbständiger Eingang einer Erzählung, die eine Entzweiung zwischen Joseph und seinen Brüdern berichtete. Sie erhält eine eigene Begründung: Joseph hinterbrachte seinem Vater, was man von den Söhnen der Bilha und Silpa Böses erzählte. P will offenbar bewußt den Konflikt nur mit den Söhnen der Mägde entstehen lassen, entsprechend seiner Tendenz, die Erzväter möglichst untadelig zu schildern. Daß Joseph seinem Vater von den Gerüchten sagt, soll nur das besondere Vertrauensverhältnis Josephs zu seinem Vater beleuchten. – Aber hier bricht die Erzählung des P schon ab, ohne irgendeine Fortsetzung zu finden. Durch die beiden Verse erhält Gen. 37–50 eine priesterschriftliche Einleitung; häufig sind größere Teile des Pentateuch in P-Worte gerahmt.

V. 3–4: Der Grund

Der erste Satz: »Israel liebte den Joseph vor allen seinen Söhnen«, entspricht genau unserem Begriff der ›Vorliebe‹. Sie wird begründet: Joseph wurde ihm erst im Alter geboren. Was hier erzählt wird, gehört zu den unauffälligen, gewöhnlichen Vorgängen in unserem Dasein; wir würden sagen: Nun ja, so etwas gibt es – und würden darüber zur Tagesordnung übergehen. Hier aber ist dieser gewöhnliche, uns als unbedeutend erscheinende Vorgang zum Ausgangspunkt einer großen, dramatischen Erzählung gemacht. Das heißt: Der Erzähler hat diese Vorliebe des alternden Mannes für das Kind seines Alters in ihrer Bedeutsamkeit entdeckt und sie aus einem isolierten Phänomen zum Glied eines umfassenden Geschehenskreises gemacht; er hat ihr Bedeutung in einem weit sich erstreckenden Bedeutungszusammenhang gegeben. Voraussetzung dafür ist, daß er mit seiner Erzählung in eine Zeit führt, in der Vorgänge und Ereignisse in der Familie eine unvergleichlich höhere Bedeutung hatten als zu seiner eigenen von Volk und Staat bestimmten Zeit, einer Zeit, in der sich das ganze Dasein in Familie und Sippe abspielte.
In dieser Welt erhält der kleine Zug der Vorliebe des Vaters für das Kind seines Alters nicht nur erhöhte Bedeutung; er tritt auch in ein helleres Licht. Der Alternde geht auf seinen Tod zu. Er weiß das in anderer Weise als der Mann in der Vollkraft oder in der Jugend. Er ist auf der absteigenden Linie. Wenn von dieser absteigenden Linie ein Kind aufsteigt, wenn aus seiner abnehmenden Lebenskraft ein Kind geboren wird, so ist dieses Geschehen ein wesentlich anderes als die Geburt eines Kindes auf der Höhe oder auf der ansteigenden Linie. Der Kontrast zwischen dem Erzeuger und dem Erzeugten ist ein stärkerer. Das Kind des alten Mannes sagt diesem in seinem Kindsein ständig: Ich bleibe, wenn du gehst. Weil dieser Vorgang ein anderer ist, darum muß auch das Verhältnis der alten

19

Eltern zu ihrem im Alter geborenen Kind ein besonderes, ein anderes sein. Gunkel sagt mit Recht: Wir sähen in dieser Vorliebe eine Ungerechtigkeit, der alte Israelit aber würde sagen: Niemand kann zwei Kinder gleich lieben. Die Geschichte will zeigen, daß das Verhältnis der Eltern zu ihren Kindern ein jeweils besonderes sein kann, einfach aus der jeweils besonderen Situation heraus. Wenn der Erzähler hier sagt: »er liebte ihn vor allen seinen Söhnen«, so ist der Komparativ dabei nur ein Notbehelf, wie in unserem Begriff der Vorliebe. Diese Vorliebe ist nicht eigentlich eine Steigerungsform von Liebe, sondern weist auf ein besonderes Verhältnis zwischen zwei Menschen, das in seiner Besonderheit begrifflich nicht genügend ausgedrückt werden kann. Wir verbauen uns dann von vornherein das Verständnis der Erzählung, wenn wir mit unseren Maßstäben an sie herangehen und diese Vorliebe des Jakob für das Kind seines Alters verurteilen. Der Blick des Erzählers auf dieses Phänomen der ›Vorliebe‹ ist völlig frei von einer Beurteilung; er entdeckt es gerade in seiner Bedeutsamkeit, als ein besonderes, schicksalträchtiges Phänomen im menschlichen Miteinandersein, und so soll es auch von uns gehört werden.

»...und er machte ihm einen Ärmelrock«. In dem Augenblick, in dem dieses ganz besondere Verhältnis des Jakob zu dem Sohn seines Alters in einer Handlung hervortritt, ist der Konflikt da. Die Vorliebe des Jakob für Joseph ist einfach da; sie soll hier nicht als Schuld gesehen werden. Jede Liebe will sich in einem Tun aussprechen; man kann also auch nicht ohne weiteres sagen, daß in dem Geschenk als solchem Schuld liegt. Indem aber die besondere Liebe Jakobs zu Joseph in dem Geschenk öffentlich wird, ist Schuld da. Das Geschenk, das die Vorliebe dokumentiert, löst ein Geschehen aus, in dem alle in irgendeiner Weise mitschuldig werden, und von dieser Mitschuld ist auch Jakob nicht frei. Gerade das zu sagen ist die Absicht des Erzählers. Das Geschehen, in dem dann alle miteinander schuldig werden, ist nicht einfach rational auf die Verfehlung eines einzelnen zurückzuführen. Das Geschehen ist irgendwie in sich selbst mächtig; es bleibt ein unerklärbarer Rest. Was hier geschieht, ist im Grunde genauso unerklärbar wie das in Gen. 3 Berichtete. Aus der Liebe des Vaters zu seinem Kind steht ein Geschehen auf, das zur Störung des Gleichgewichts und dann zum Zerreißen des Friedens in der Familie führt.

Das hebr. k^{e}tonæt pässîm hat die LXX als »bunten Rock« aufgefaßt, so auch die lateinische und die Lutherübersetzung. Gunkel versteht es mit den meisten anderen Forschern als »Ärmelkleid«; die Bedeutung ist aber noch nicht mit Sicherheit geklärt. Nach 2 Sam. 13, 18 aber, wo derselbe Ausdruck die Tracht einer Prinzessin bezeichnet, steht fest, daß es ein auszeichnendes Kleidungsstück ist. Dann ist also an unserer Stelle gemeint, daß Jakob dem Joseph nicht nur ein schönes Geschenk machte, sondern daß er ihn durch das Geschenk dieses Gewandes über seine Brüder hinaushebt. – Hier wäre die soziale Funktion des Kleides überhaupt zu bedenken; es ist durch viele Jahrtausende eines der auffälligsten und stärksten Merkmale sozialer Stufung gewesen. Es gehört zu den eingreifendsten Wandlungen im menschlichen Zusammenleben der neueren Zeit, daß die Kleidung diese Funktion der Unterscheidung sozialer Schichten weithin verloren hat.

Der Ärmelrock als Gabe der Vorliebe des Vaters für sein geliebtes Kind übt in unserer Erzählung eine Funktion aus, die heute ein Kleidungsstück kaum noch haben könnte; aber solche Geschenke als Ausdruck der Vorliebe haben in der Welt viel Tränen hervorgebracht und viel Blut gekostet.

V. 4: »Und seine Brüder sahen, daß ihn ihr Vater lieb hatte.« Hier wird es ganz deutlich: Es ist der kleine Schritt von der Vorliebe zum Vorziehen, der das dann folgende Geschehen auslöst. Die Vorliebe des Vaters tritt im Akt des Vorziehens an die Oberfläche, an die Öffentlichkeit; damit, daß es zu einem Geschehen wird, das sich vor den anderen abspielt und dessen Zeugen sie werden, wird es im weiteren Sinn des Wortes Geschichte, damit greift die Vorliebe in das Gefüge der Gemeinschaft ein und bewirkt die Störung.

Hier zeigt sich etwas für das Erzählen im Alten Testament Wesentliches: Im Gegensatz besonders zum abendländischen Roman des 18. und 19. Jahrhunderts braucht hier alles Geschehende ein Forum. Niemals im Alten Testament gibt es ein bei den Gedanken und bei den Gefühlen verweilendes Geschehen. Die Menschen, die hier erzählen und denen hier erzählt wird, wissen besser, als wir das heute wissen, daß es wirkliches Geschehen nur im Miteinander gibt und daß dieses Miteinander der Menschen niemals bloß ein seelisches oder gefühlsmäßiges oder innerliches ist. Nicht die Vorliebe des Jakob für Joseph als solche löst das Drama aus, sondern die zum Vorziehen gewordene Vorliebe; in dem Geschenk des Ärmelrockes geschah etwas vor Zeugen, die Brüder wußten nun, woran sie waren.

V. 4b: »...da warfen sie einen Haß auf ihn.« In den wenigen Sätzen der

21

Exposition ist sehr viel gesagt. Die im Vorziehen herauskommende Vorliebe des Vaters für Joseph ruft den Haß der Brüder hervor. Wir verstehen dieses einfache, elementare Geschehen ohne weiteres, aber wir müssen doch sehr sorgsam hinhören; wie vorher der Begriff Liebe, so bedarf hier der des Hasses sorgfältiger Erklärung. Wenn wir das Wort Haß oder hassen gebrauchen, dann meinen wir damit etwas wie einen Zustand, eine Einstellung zu... oder, wie wir sagen, eine Gesinnung. Das Verb hat im Hebräischen eine andere Bedeutung; es ist eine Tat (vgl. die Übersetzung) oder der Zeugungsakt einer Tat. Das Werfen des Hasses auf einen anderen ist wie das Spannen eines Bogens. Der Pfeil muß von diesem gespannten Bogen losschnellen; der Haß hat nur Sinn in bezug auf die Tat, die er aus sich heraus setzt. Haß als bloße Gesinnung wäre diesen Menschen unbegreiflich; als ob man einen Bogen spannt und hat gar keinen Pfeil. Haß hat Sinn und Existenz nur zwischen dem Augenblick des Werfens des Hasses auf einen Menschen und der Auslösung der Spannung in einer Tat. Darin erschöpft er sich dann aber auch. Damit hängt es zusammen, daß die Menschen damals weniger verdrängte Komplexe hatten. Wenn hier also gesagt wird, daß die Brüder einen Haß auf Joseph warfen, so muß darauf etwas erfolgen, worin der Haß losschnellt und zur Tat wird.

Merkwürdigerweise wird in den Auslegungen kaum je gefragt, warum eigentlich die Brüder ihren Haß nicht auf den Vater werfen. Was kann denn Joseph dafür, daß er vorgezogen wird? Aber auch hierin kommt eine tiefe Erkenntnis des Menschlichen zum Ausdruck. Der Bruder ist im Bereich dieses Werfens, der Vater nicht. Der Haß, den sie auf den vorgezogenen Bruder werfen, wagt sich nicht an den Vater. Die Ehrfurcht vor dem Vater steht davor. Zwar treffen sie dann mit ihrer Tat auch den Vater; aber selbst da bleiben sie wenigstens scheinbar in der ehrerbietigen Unterordnung; was sie ihm antun, verbergen sie unter der Lüge. Der Erzähler berührt darin eine Erfahrung, die er bei seinen Hörern voraussetzen kann: Der Haß der Zurückgesetzten wirft sich viel häufiger auf den Vorgezogenen als auf den, der vorzog und zurücksetzte, auch dann, wenn der Vorgezogene nicht primär schuldig ist. Das wissen wir heute aus mancherlei Verhältnissen genausogut, wie es die Hörer des Erzählers damals wußten; daran hat sich nichts geändert, es bedarf keiner Beispiele. Wieder erkennen wir hierbei eine Parallele zur Urgeschichte: Kain wirft seinen Haß nicht auf Gott, der ihm den Abel vorzog, sondern auf Abel, hinter den er zurückgesetzt wurde.

22

V. 4c: »Und sie vermochten nicht, ihn zu grüßen.« Der Text ist unsicher; Kittel und Procksch lesen däbber lô, was die obige Übersetzung ergibt. Aber auch wenn diese Textänderung nicht berechtigt sein sollte, spricht die auffällige Ausdrucksweise für die Bedeutung ›grüßen‹. Das Abbrechen der Gemeinschaft zwischen Joseph und seinen Brüdern könnte gar nicht deutlicher bezeichnet werden. Noch heute ist das Verweigern des Grußes eines der deutlichsten Zeichen einer abgebrochenen Gemeinschaft. Damals hatte der Gruß eine sehr viel wichtigere Bedeutung für das Zusammenleben, wie es das Alte Testament an sehr vielen Stellen zeigt. Im Grüßen wird ständig der šalôm, das Heilsein der Gemeinschaft aufrechterhalten; in der Erkundigung nach dem Befinden, in Abschied und Willkommen wird der einzelne ständig seines Dazugehörens, seiner Gliedschaft in der Gemeinschaft bewußt und teilt sein Zugehören den anderen mit. Mit diesem letzten Satz in V. 4 ist ausgesprochen, daß der Friede im Haus des Jakob zerbrochen ist.

V. 5–11: Die Träume

Hier setzt eine eigene, selbständige Begründung für den Konflikt im Bericht von den beiden Träumen des Joseph ein. Die beiden verschiedenen Begründungen sind deutlich verklammert durch die redaktionelle Bemerkung am Ende von V. 5: »da haßten sie ihn noch ärger«, die am Ende von V. 8 noch einmal wiederkehrt.
Die Aufforderung »Hört…!« und das zweimalige hinnē = siehe! (eigentlich eine Demonstrativpartikel, die nicht genau entsprechend wiederzugeben ist) zeigen die Lebhaftigkeit des Erzählens und die innere Beteiligung des Erzählenden an seinem Traum. Joseph ist ganz erfüllt von seinem Traum, und es drängt ihn, seinen Brüdern von ihm zu erzählen. Es ist sonst ein stehender Zug, daß Gott sich in Träumen offenbart (z. B. Gen. 28); hier ist davon nichts gesagt, und es ist ganz offenkundig, daß zunächst Joseph selbst sich in diesen Träumen zeigt. Dennoch bleibt die Möglichkeit offen, daß in diesen Träumen Gott etwas zeigen will, was aber erst sehr viel später deutlich werden wird. Wir treffen dann gleich im Eingang der Erzählung auf die eigenartige Doppelschichtigkeit des Geschehens.
Der Traumbericht ist mit einer erstaunlichen Kunst erzählt, das Musterbeispiel einer Erzählung, die bestimmt ist, wörtlich behalten und wörtlich weitergegeben zu werden. Der Bericht ist durch und durch verbal, er ent-

hält überhaupt nur zwei Nomina; eines davon, Garben, zieht sich durch den ganzen Bericht. Die Erzählung des Traums ist in sich so klar, daß sie einer weiteren Erklärung nicht bedarf. Er ist Wort an die Brüder, er will ihnen etwas sagen. V. 8: Es folgt daher eine Antwort der Brüder. Sie zeigt zunächst, daß die Brüder überhaupt keine Gottesoffenbarung in dem Traum sehen; sie hören hinter dem Traum einfach ihren Bruder, der sich großtut, und sind wütend darüber. Sie antworten:

»Willst du gar König über uns sein?
Oder willst du über uns Herr sein?«

Auffällig ist zunächst, daß diese antwortende Gegenfrage der Brüder in einen Parallelismus der Glieder gefaßt ist. Wir können hier beobachten, wie die im Parallelismus gebundene Rede dort aus dem Fluß der Erzählung heraustritt, wo sich das Reden in einem Höhepunkt zu einem Ruf verdichtet. Auffällig ist weiter das Verb maläk, König sein. In der an Joseph gerichteten Frage bekommt es einen ironischen Sinn, entsprechend das parallele Verb mašäl = herrschen. Die Brüder wollen weder Joseph noch irgend sonst jemanden als König! Daß überhaupt einer sie regieren soll, ist ihnen schauderhaft; und dann noch der eigene kleine Bruder! Nicht nur, daß er sich über sie setzen will, werfen sie ihm vor, sondern überhaupt, daß er darüber sein, daß er regieren will. – Damit offenbaren die Brüder vergröbernd, was der Traum bedeutet: Es kommt in ihm der Wille oder die Ankündigung des ›Darüberseins‹ heraus; genau das, was das Traumbild sagt:

»...richtete sich auf und blieb stehen,
...stellten sich rings herum – neigten sich.«

Es geht um die Grundfrage des Herrschens, der Gegenstand dieses Traumes ist das Herrsein über andere. Daß Gott Herr ist, daran hat es in Israel nie einen Zweifel gegeben. Aber ob und wie es Herrschaft von Menschen über Menschen geben darf, mit dieser Frage ist Israel eigentlich niemals fertig geworden. Der Erzähler schreibt in einer Zeit, in der das Königtum fest eingewurzelt ist, blickt aber in der Joseph-Erzählung auf eine Zeit zurück, in der es für die Väter das Königtum noch nicht gab, ja, in der es von den freien Nomaden verabscheut wurde (Ri 9!). Diesen Gegensatz hat er vor Augen und fragt: Wie ist es möglich und berechtigt, daß im gleichen Volk einer, ein Bruder, über die anderen herrscht? Um diese Frage geht es in den Träumen Josephs.

V. 9–11: Der zweite Traum ist sehr viel kürzer geschildert, er ist kein Geschehen, sondern nur ein Augenblicksbild. Es handelt sich nur um die steigernde Fortsetzung des ersten Traums. Gleich ist das entscheidende Verb: »sich verneigen«; anders ist, daß Joseph jetzt unverhüllt sich selbst als den nennt, vor dem die anderen sich verneigen, und daß der Kreis der sich Verneigenden hier um den Vater und die Mutter Josephs erweitert ist. So geht denn hier die Reaktion auf die Traumerzählung auch vom Vater aus: »Es schalt ihn sein Vater.« Die vorwurfsvolle Frage des Vaters ist die genaue Entsprechung zu der der Brüder auf den ersten Traum hin. Deutlich stehen Vater und Brüder gegen Joseph; die Stellung des Vaters ist hier anders als in V. 3–4. So ist die staunend erschrockene Frage des Jakob zu verstehen: »Was ist das für ein Traum, den du geträumt hast?« Es ist ein abnormer, ein entarteter Traum, aus dem Gott nicht gesprochen haben kann, weil es unerhört wäre und die Zerstörung aller Ordnung, sollten sich Vater und Brüder vor dem jüngsten Bruder neigen! Man muß dieses Neigen (hištāḥᵃwā) in der ganzen Bedeutungsschwere nehmen, die es damals hatte: Wer sich vor einem anderen zur Erde neigt, erkennt dessen volle Verfügungsgewalt an und liefert sich ihm aus.

V. 11b: Obwohl Jakob vor dem Traum des Joseph erschrickt und ihn schilt, behält er den Traum dennoch. Er beachtet ihn; denn er weiß, was Träume bedeuten können. Damit wird stillschweigend auf die weitere Entwicklung gewiesen, in der tatsächlich eintrifft, was Joseph hier am Anfang träumte. Hier schon zeigt sich die Zweidimensionalität alles Geschehens, die am Ende offenkundig werden wird (50, 20).

Die Spannung kommt dadurch in dieses Geschehen, daß die Träume möglicherweise doch nicht nur das sich in ihnen aussprechende Hochhinauswollen Josephs, sondern gegen alle Wahrscheinlichkeit auch ein heimlicher Fingerzeig Gottes sein könnten: »Jakob behielt die Sache.«

V. 12–17, Überleitung: Jakob schickt Joseph zu seinen Brüdern

Die Überleitung dient einfach der Versetzung Josephs auf den neuen Schauplatz. Auf die Einzelheiten, geographische Fragen usw. kann hier nicht eingegangen werden. Joseph muß dorthin gebracht werden, wo seine Brüder mit den Herden sind, weil das Geschehen zwischen ihm und den Brüdern draußen, fern vom Vater vor sich gehen soll. Joseph soll sich nach dem Ergehen seiner Brüder und der Herden erkundigen. Hier begegnet wieder das Leitwort sālôm, Heilsein, Wohlbefinden und dann ein fach Ergehen. Unmittelbar vor der Katastrophe klingt damit noch einmal an, worum es in allem geht. In das Heilsein der Gemeinschaft sind hier auch die Tiere eingeschlossen; alles, was zum Leben der Gemeinschaft gehört, hat in irgendeinem Sinn an diesem Heilsein Anteil.

Joseph findet den Weg nicht; er irrt umher, und ein anderer fragt ihn. Die kleine Episode zeigt, wie hilflos er draußen ist, da, wo sich das Leben seiner Brüder abspielt. Hier draußen nützt es dem Joseph gar nichts, daß er der vom Vater Vorgezogene ist; die väterliche Protektion reicht nicht bis hier draußen! Jedes Vorziehen zieht einen gefährlichen Kreis um den Vorgezogenen; innerhalb dieses Kreises ist er etwas, was er außerhalb nicht ist, und außerhalb dieses Kreises ist er besonders gefährdet, vgl. unseren Begriff des Protegierens, der Protektion und ihrer Auswirkungen.

V. 18–22: Der Mordanschlag der Brüder

An dieser Stelle muß ein erklärendes Wort zum biblischen Verständnis des Bruders gesagt werden. Für uns ist dieser Begriff vom Neuen Testament geprägt; von ihm ist er in den christlichen Sprachgebrauch eingegangen. Nun kann man aber nicht verstehen, was das Neue Testament mit dem Wort ›Bruder‹ meint, wenn man nicht die alttestamentliche Vorgeschichte kennt. Denn der Gebrauch im Neuen Testament ist ein sekundärer, übertragener. Im ursprünglichen und eigentlichen Gebrauch ist der Bruder zunächst ein zu einer Ganzheit Gehörender; der Bruder ist ein Glied des Hauses, der Familie. Er gehört zu ihr als ein Kind seiner Eltern zusammen mit anderen Kindern dieser Eltern. Was ihn mit seinen Geschwistern verbindet, ist das gemeinsame Zugehören; es bedeutet auf der einen Seite Bergung und Daseinssicherung im Haus, in der Familie; andrerseits erfordert es das Einstehen für das Ganze, wo es nötig wird. Irgendwelche Gefühlswerte, wie Bruderliebe, sind in dem Begriff als solchem nicht mitgesetzt; sie konstituieren den Begriff jedenfalls nicht. Daß man als Brüder zusammensteht und füreinander einsteht, hat seinen Grund nicht in irgendwelchen Gefühlen füreinander, sondern im gemeinsamen Zugehören zur Ganzheit des Hauses. Im Alten Testament ist vielmehr mit aller Nüchternheit gesehen, daß die heranwachsenden Brüder normalerweise Konkurrenten sind und sehr leicht zu Rivalen werden können. Es gibt eine Fülle von Möglichkeiten, daß ein Streit zwischen Brüdern entsteht; der Bruderstreit ist ein wichtiges und vielfältiges Motiv in den Vätergeschichten. Er wird im Alten Testament als etwas Normales und sich aus mancherlei Verhältnissen Ergebendes angesehen. Der Streit als solcher braucht deshalb auch durchaus nicht das gesunde Verhältnis zwischen den Brüdern zu zerstören; es kommt nur alles darauf an, daß die Grenze jedes Streites darin respektiert wird, daß beide zu einem Ganzen gehören und dieses gemeinsame Zugehören zum Ganzen nicht verletzt und nicht zerstört werden darf. – Wird diese eigentliche und ursprüngliche Wirklichkeit dessen, was im Alten Testament Bruder bedeutet, nicht mehr gesehen, so ist die Gefahr der sentimentalen und idealistischen Verzerrung des biblischen Sinnes des Bruderseins gegeben. Das sehr realistische und nüchterne Verständnis des Bruders ist auch in dem, was nun folgt, vorauszusetzen.

V. 18b: »Bevor er zu ihnen herankam, machten sie miteinander einen Anschlag gegen ihn, ihn zu töten.« In der Erzählung ist hier ein wichtiger Punkt festgehalten: der Mordanschlag einer Gruppe, dem Vorsatz beim vorsätzlichen Mord durch einen einzelnen entsprechend. Er ist das vorausgehende Bejahen des Mordes, im Unterschied zum Totschlag aus dem Affekt. Wie ist dieser Entschluß der Brüder zu verstehen? Jeder Mord will nicht nur jemanden, sondern auch etwas beseitigen, ein Hindernis auf dem Weg des Mordenden. Daher sind die häufigsten Motive des Mordes Habsucht und Eifersucht. Joseph steht den Brüdern der ungeteilten Liebe des Vaters vor. Durch das Vorziehen des Joseph ist ihnen etwas entzogen, worauf sie einen Anspruch haben. Das also, worum es den Brüdern geht, ist etwas Gutes. Joseph hat ihnen etwas genommen, was ihnen gehörte. Das Motiv des Mordes ist nicht so weit entfernt von dem Mordmotiv des Kain. Dem Kain ging es um das Zugewandtsein Gottes, den Söhnen Jakobs geht es um das Zugewandtsein ihres Vaters. Hier wie dort ist das Hindernis ein Vorgezogener (Gen. 4, 4). Hier wie dort geht es um eine gerechte Forderung. Sowohl Kain wie die Brüder Josephs können das ihnen begegnende Unrecht nicht dort angehen, wo es seinen Ursprung hat. Der Frevel hat seine Wurzel darin, daß sie sich nicht dorthin wenden, von wo das ihnen geschehene Unrecht ausging. Der Frevel wurzelt im Mißtrauen.

V. 18a. 19. 20: Der Mordanschlag. Hier ist der Mordbeschluß eng auf die Träume des Joseph bezogen. Obwohl die Brüder Joseph wegen seiner Träume schalten und höhnten, müssen sie doch irgend etwas Unheimliches dahinter gewittert haben. Sie kennen die Möglichkeiten des Entwurfs von Zukünftigem, wie sie in einem Traum enthalten sein können;

um diese vagen Möglichkeiten radikal abzuschneiden, nehmen sie sogar einen Brudermord auf sich.

V. 21–22: Das Dazwischentreten eines Bruders

V. 21: Höchstwahrscheinlich hat der Redaktor in diesem Vers Ruben für Juda eingesetzt. Juda distanziert sich hier von vornherein von dem Mordanschlag der Brüder. Die Brüder haben den Plan gefaßt, Joseph zu töten; Juda widersetzt sich: »Wir wollen ihn nicht ums Leben bringen!« Aber auch Juda sagt: »Wir«; wenn er auch nicht mitmacht, so tritt er deshalb doch nicht aus ihrem Kreis. Hier setzt sich der eigenartig zwiespältige Ursprung der Tat fort: Es geht den Brüdern um ihr gutes Recht, da macht auch Juda mit. Die Fraglichkeit liegt bei dem Mittel, und da macht Juda nicht mit.

V. 22: Wieder ist hier die Schroffheit des Geschehens gemildert. Ruben tritt den Brüdern nicht offen entgegen wie Juda in V. 21. In dem Augenblick, in dem Joseph nun erscheint, ist scheinbar nur ein Plan da, in dem die Brüder einig sind; insgeheim aber hat sich Ruben von dem Mordplan seiner Brüder getrennt und will ihn retten.

Gleich ist aber bei beiden Erzählern das Dazwischentreten des ältesten Bruders. Es hat eine Bedeutung, die man allein aus dieser Stelle nicht entnehmen kann, die aber doch nirgends in der Vätergeschichte so klar heraustritt wie hier. In der Großfamilie der frühen Zeit geschah es oft, daß wie in unserem Zusammenhang Gruppen oder Teile der Familie vom Haus und vom Vater entfernt waren. In einem solchen Fall ging für die Zeit der Abwesenheit die Rolle des Vaters auf den jeweils Ältesten über, der für diese Zeit die Verantwortung hatte. Es ist der Vorgang im Gemeinschaftsleben, an dem unser Begriff ›Verantwortung‹ entstanden ist. Er ist hier im einfachsten und direktesten Sinn zu verstehen: Wenn die Gruppe in das Haus des Vaters zurückkam, fragte der Vater den einen, den Ältesten bzw. Verantwortlichen, der nun Antwort zu geben hatte. Sein Handeln während der Abwesenheit ist in allem bezogen auf die Antwort, die er dem Vater zu geben hat, wenn er bei der Rückkehr von ihm gefragt wird. Die Autorität, in der der älteste Bruder handelt, sofern und soweit er verantwortlich ist, eignet ihm nicht; sie ist geliehene Autorität, die er jedesmal dem Vater wieder zurückgibt, wenn er ihm bei der Rückkehr der Gruppe auf seine Fragen antwortet, wenn er ihm Rechenschaft ablegt. Ursprüngliche und eigentliche Autorität hat nur der Vater. Die Verantwortung des ältesten Bruders erwächst nicht aus einem Verantwortungsgefühl oder Verantwortungsbewußtsein, sondern einfach daraus, daß er es ist, der antworten muß. Es ist deutlich, wie die Joseph-Erzählung mit der Vielfalt der Möglichkeiten des Bruderseins beschäftigt ist: der jüngste Bruder, der älteste Bruder, die anderen Brüder.

V. 23–30: Die Tat

V. 23: Bei der Ankunft des Joseph ist das erste, was die Brüder tun, daß sie dem Joseph den Rock vom Leibe reißen, das Geschenk des Vorziehens, das ihren Haß geweckt hat. Hiernach wird eine bewußte Zäsur eingelegt; sie setzen sich zum Essen (V. 25). Damit wird die erste Tat von allem Folgenden abgehoben; die Bemerkung schafft die Möglichkeit eines neuen Einsatzes. Besonders auffallend ist an dieser Stelle die Stilisierung des Joseph. Er hat bisher noch nichts gesagt (abgesehen von der Frage nach dem Weg) und noch nichts getan. Hier hört man von ihm keine Klage und keine Frage; was geschieht, kommt über ihn. Dies ist gewiß bewußte Stilisierung, die den Joseph am Anfang dem Joseph am Ende der Erzählung so stark und klar kontrastiert, wie das unsere Erzähltechnik wohl kaum könnte, die sich an dieser Stelle auf die Schilderung der Wirkung der Tat der Brüder auf Joseph werfen würde.

V. 25b: Auf eine einfältige Weise kommt nun als der deus ex machina die Karawane der Ismaeliter. Damit bekommt die Erzählung einen realistischen, geschichtlichen Hintergrund. Die Karawane ist auf dem Weg von Gilead nach Ägypten. Der Karawanenweg führte tatsächlich an Dotan vorbei. Der hier vorausgesetzte Handel zwischen dem Ostjordanland und Ägypten bestand damals, und zwar auf diesem Wege.

V. 26: Der Vorschlag Judas schließt an die in V. 21 verlassene Situation an. Juda weist seine Brüder auf die Folgen der Tat hin. Während bei dem einen Erzähler von Anfang an die Tat mit ihren Folgen allen Brüdern vor Augen steht, ist bei dem anderen am Anfang nichts als die Tat im Blick; der Hinweis auf die Folgen kommt von dem dazwischentretenden Bruder, der erst die anderen darauf aufmerksam machen muß.

Den Hinweis auf die Folgen gibt Juda in dem Satz: »...daß wir unseren Bruder töten und sein Blut bedecken«. Wenn man sich in die Situation hineinversetzt, spürt man, was Juda damit tut, daß er hier sagt »unseren

Bruder«; und das wird noch dadurch verstärkt, daß die Folge der Tat gewissermaßen in den Anschlag hineingenommen ist durch das zweite Verb. Juda nimmt darin seine Verantwortung als ältester Bruder wahr, daß er mit seinen Worten den Brüdern in ihrem Haß schon voraus ist und sie behutsam auf die Stunde weist, in der die Tat getan sein wird. Sie werden dann das Blut ihres Bruders zudecken müssen. Aber können sie das? Die Parallelen Gen. 4, 10 und Hiob 16, 18 warnen. Auch das zugedeckte Blut kann schreien!

V. 27: So zeigt ihnen Juda einen anderen Weg. Der Vorschlag ist eingebettet in die Warnung vor der anderen Möglichkeit. Wieder kommt dabei in erstaunlich psychologischer Feinheit beides zum Ausdruck: Das Anliegen der Brüder bejaht auch Juda; ihren Weg lehnt er ab, aber nicht nur für seine Person, es geht ihm darum, seine Brüder für seinen Weg zu gewinnen.

V. 27b: »Und es hörten seine Brüder.« Der Satz ist für uns unübersetzbar; ›hörten‹ ist eigentlich zu wenig, ›gehorchten‹ aber wäre zu viel. Das bloß akustische Hören gibt den Sinn des Satzes nicht wieder, es hat im Hebräischen einen existentiellen Sinn; im Hören des von Juda Gesagten ist das Bejahen des Gehörten eingeschlossen. Dieser kleine, höchst prägnante Satz ist die Peripetie der ganzen Erzählung. Die Peripetie liegt darin, daß die Brüder Juda zustimmen und damit der andere Entwurf des Juda zum gemeinsamen Entschluß wird. Die große Kunst des Erzählers zeigt sich darin, daß sowohl für das erste Eingreifen des Juda wie für das schließliche Einstimmen der Brüder kein Grund angegeben wird. Dieses Schweigen an einem entscheidenden Wendepunkt der Erzählung spricht für sich.

V. 28b: Das Entscheidende ist geschehen; nun braucht nur noch kurz der Vollzug berichtet zu werden. Das Beschlossene geschah. Die Geldsumme dient dieser Feststellung. Sie ist »der Durchschnittspreis für einen halbwüchsigen Knaben, Lev. 27, 4f.« (Gunkel). Die Tatsache, daß Joseph von seinen Brüdern als Sklave verkauft wurde, für sich gesehen ein schweres Verschulden, erscheint durch die Geschichte, deren Abschluß sie ist, geradezu als Rettung!

Die Tat: V. 24. 28a.c. 29. 30

Das erste Tun der Brüder ist ein scheinbar gemeinsames Handeln; aber in Wirklichkeit lassen die Brüder die Mordabsicht (ohne Blutvergießen!)

zur Tat werden, während Ruben in eben diesem Tun seine geheime Rettungsaktion einleitet. Beides ist verklammert im letzten Satz von V. 24: »Aber die Zisterne war leer, es war kein Wasser darin.« – Die Kaufleute sind bei dem einen Erzähler Midianiter (vgl. Ri. 8, 22 und 24). Jedenfalls meinen beide dieselben Leute. Die reisenden Kaufleute haben bei dem einen Erzähler eine andere Funktion als bei dem anderen: Dort ermöglichen sie die Wendung im Augenblick der höchsten Spannung, hier bringen sie eine neue Komplikation. Wenn es hier heißt (28 c): »und sie brachten den Joseph nach Ägypten«, so ist das ein fremdes Eingreifen, das den Joseph sowohl der Mordabsicht der Brüder wie der Rettungsabsicht Rubens entzieht. Die Folge ist, daß die abziehenden Kaufleute bei dem einen Erzähler den wieder einigen Kreis der Brüder hinterlassen, bei dem anderen einen durchaus getrennten Brüderkreis, in dem beide Teile von dem Geschehen überrascht werden. In der Erzählung des einen liegt die Peripetie in dem Satz »und es hörten seine Brüder«; bei dem anderen im Eingreifen der fremden Kaufleute. An dieser Stelle weichen die beiden Erzählungen erheblich voneinander ab.

V. 29: Hier liegt der dramatische Höhepunkt der Erzählung; es ist nicht die Wende des Geschehens, sondern das Echo darauf, ein Echo aber nicht bei dem Brüderkreis, sondern nur bei dem einen Bruder. Im Höhepunkt der Erzählung sind die Brüder auseinander. Damit tritt zugleich eine andere Verschiebung ein: Der Schrecken des Ruben, der die Zisterne leer findet, stellt in der Erzählung die nachher berichtete Trauer des Vaters in den Schatten.

V. 30: Ruben kehrt zu seinen Brüdern zurück; jetzt offenbart er sich ihnen, indem er vor ihnen über das Verschwinden Josephs bitter klagt. Man erwartet nun eigentlich eine Reaktion der Brüder; von ihnen aber ist nichts mehr gesagt.

V. 31–36: Im Haus des Vaters, das Verbergen der Tat

V. 31: Das Grundmotiv des Kleides ist bei dem einen Erzähler mit erstaunlicher Kraft durchgeführt: Geschenk der Vorliebe des Vaters – Zeichen des Darüberseins – der erste Gegenstand des tätlich werdenden Hasses – das vorgetäuschte Indiz. Als solches löst es die bittere Klage des Jakob aus und begründet die neue Schuld aller Brüder, die es fertigbringen, den trauernden Vater bei seiner Meinung zu lassen. Sie ertragen das Erkennen und den Ausbruch der Klage und bleiben stumm. Aus der Vorliebe des Vaters für Joseph ist nun eine Trauer geworden, die sich nicht trösten lassen will. Die ganze Hilflosigkeit der Brüder dieser neuen Situation gegenüber zeigt der fruchtlose Versuch, den Vater von seiner Trauer abzubringen, ihn zu trösten. Er will sich nicht trösten lassen (vgl. Gen. 38, 12; Jer. 31, 15). Im Bleiben in der Trauer will er mit seinem Sohn verbunden bleiben; er will nicht mehr in den Frieden, in das Heilsein zurück. Die Brüder haben auch mit ihrer halben Tat nichts gewonnen. Das, worum es ihnen ging, bekommen sie nicht zurück.

IV. Zur Darbietung

Eine Predigt über Gen. 37 müßte die Linie der Erzählung stark konzentrieren oder aber nur einen Teil des Textes zugrunde legen. Auch eine Bibelarbeit könnte das Kapitel besser in zwei bis drei Stunden darbieten. Der Ausgangspunkt der Darbietung kann sich an den Ausgangspunkt der hier gegebenen Erklärung anschließen. Man kann die Frage nach der Bedeutung der Familie für unsere Gegenwart konzentrieren auf die Frage: Was meint die Bibel, wenn sie vom Bruder spricht?

Hier wird man von unserem christlichen Sprachgebrauch ausgehen (die Anrede »Brüder und Schwestern«, »Wir sind doch Brüder«, der Amtsbruder usw.). Die Gefahr, daß solches allgemeine Reden vom ›Bruder‹ entleert oder gedankenlos oder bloß sentimental wird, liegt auf der Hand.

Unsere Erzählung will uns dazu anleiten, darüber nachzudenken, was ein Bruder wirklich ist und wie die Bibel von ihm spricht. Es werden uns dabei viele falsche Vorstellungen zerstört; vor allem aber merken wir, daß es ›den Bruder‹ in dieser Verallgemeinerung überhaupt nicht gibt, und je allgemeiner wir von ihm sprechen, desto nichtssagender wird der Begriff. Darum folgen wir dem Erzähler der Bibel in ein Geschehen hinein, in dem von wirklichen Brüdern die Rede ist und von dem, was wirklich zwischen ihnen geschieht.

In dem, was wirklich zwischen den Brüdern geschieht, geht es um den Frieden, und das heißt das Heilsein der Gemeinschaft. Auch diesen Begriff des Friedens müssen wir ganz neu hören und ganz neu verstehen, völlig unsentimental und sehr nüchtern.

Nach einer solchen Hinführung zum Text haben wir weiter nichts mehr zu tun, als unsere Hörer in das Geschehen des Textes hineinzunehmen, ihnen die einzelnen Abschnitte und Szenen des Geschehens lebendig zu machen, ihnen die Höhe- und die Wendepunkte zu zeigen und hin und wieder behutsam vom Einzelgeschehen auf die großen Linien und die theologische Konzeption zu weisen, von der her das einzelne konzipiert ist.

Der Sinn der Darbietung dieses Kapitels der Josephgeschichte ist nicht, zu allgemeinen Schlüssen oder zu unmittelbaren Anwendungen zu kommen. Der Sinn ist vielmehr, das hier Geschehende selber sprechen zu lassen und den Hörenden einen Abschnitt biblischen Geschehens in seiner eigenen Aussagekraft lebendig werden zu lassen.

Zweite Bibelarbeit:
Josephs Fall und Erhöhung
1. Mose 39, 1–23

I. Zum Text

1	hûrăd	3. m sg pf hof von jarăd hinabsteigen, hof hinabgeführt werden; hôriduhû 3. pl pf hif hinabführen c suff 3. m sg
	ṭăbbaḥîm	pl Leibwache
2	măṣlî~ḥ	pt hif von ṣalăḥ gelingen, hif gelingen lassen
5	biglăl	präp wegen
6	ʼôkel	pt q von ʼakăl essen
7	wăttiśśaʼ	3. f impf q von naśaʼ aufheben, (die Augen) werfen auf mit waw cons
10	ʼæṣlaḥ	ʼeṣæl neben c suff 3. f sg
12	wăttitpᵉśehû	3. f impf q von tapăś ergreifen c suff 3. m sg und waw cons
	bᵉbigdô	bægæd Kleid c suff 3. m sg und bᵉ (an)
	wăjjanăs	3. m sg impf q von nûs fliehen mit waw cons
13	kirᵉʼôtaḥ	inf cstr q von raʼă sehen c suff 3. f sg und kᵉ
14	hebîʼ	3. m sg pf hif von bôʼ kommen, hif bringen
	lᵉṣăḥæq	inf cstr pi von ṣaḥăq lachen, pi scherzen, seinen Scherz treiben, mit lᵉ (um zu) (verkürzte Form)
15	hᵃrîmotî	1. sg pf hif von rûm sich erheben, hif (die Stimme) erheben
16	wăttănnăḥ	3. f sg impf hif von nû~ḥ sich niederlassen, hif hinlegen mit waw cons
20	wăjjiqqăḥ	3. m sg impf q von laqăḥ nehmen mit waw cons
	wăjjittᵉnehû	3. m sg impf q von natăn geben c suff 3. m sg und waw cons
	bêt hăssohăr	Gefängnis
21	wăjjeṭ	3. m sg impf q von naṭă ausstrecken, zuneigen mit waw cons
	ḥinnô	ḥen Gunst c suff 3. m sg

II. Aufbau

Die Erzählung in Kap. 39 ist so aufgebaut:
1–6: Joseph bei dem Ägypter
7–20: Josephs unverschuldeter Fall
21–23: Josephs Erhöhung im Gefängnis

III. Zur Auslegung

V. 1–6: Joseph bei dem Ägypter

V. 1–3: Joseph wird Sklave eines Ägypters. Der Ägypter erhält erst in einer jüngeren Schicht der Erzählung einen Namen; diese Erscheinung begegnet sehr häufig, wir treffen sie z. B. auch in den synoptischen Evangelien.
Das Ausgangsmotiv in Kap. 39 ist, daß Gott mit Joseph war. Das Mitsein Gottes gehört in den Zusammenhang des Segens. Es ist ein sehr weit in die Religionsgeschichte zurückgreifender Begriff und begegnet z. B. in der sumerischen Mythologie: Wenn einer eine Reise in das Hoheitsgebiet eines bestimmten Gottes machen will, muß er sich vorher vergewissern, ob dieser Gott für oder gegen ihn sein wird. So etwa ist es auch hier gemeint: Jahwe stand auf seiten Josephs, und das bedeutete Förderung; Jahwe gab ihm Gelingen, wie es der zweite Satz sagt. Im Hintergrund steht, daß in den Vätergeschichten das Segnen Gottes (zu dem das Mitsein gehört) ein theologischer Hauptbegriff ist; hier können wir wahrnehmen, wie in der Joseph-Erzählung noch die ganz alten Motive der Vätererzählung (vgl. Jakob bei Laban) weitergetragen werden. Begründet wird das Segnen oder das Mitsein Gottes nicht; es ist da oder es ist nicht da. – Wenn Jahwe hier den Joseph im fremden Land, und das heißt auch im Bereich anderer Götter, segnet, so sollte man hier nicht von ›Universalismus‹ reden (z. B. Procksch); hier ist vielmehr die uralte Vorstellung weiter wirksam, daß der ›Gott der Väter‹ überhaupt nicht zu einem Land, sondern nur zu einer wandernden Menschengruppe gehört (A. Alt). Der Ägypter nimmt dieses Mitsein Gottes mit Joseph wahr; d. h. das, was er sieht, ist, daß Joseph Erfolg hat, und das beeindruckt ihn. Wir können hier sehr schön beobach-

ten, wie das, was wir Erfolg (oder auch Glück) nennen, einmal ganz selbstverständlich im Wirken Gottes verankert war und als Wirken Gottes angenommen wurde; da aber, wo dieses Gesegnetsein im fremden Land zur Wirksamkeit kommt, bekommt die Außenseite dieses Gesegnetseins, also der konstatierbare Erfolg, die größere Bedeutung.

V. 4–5: »Und Joseph fand Huld in seinen Augen«: Wir müssen diesen Satz ganz wörtlich hören; in ihm spiegelt sich die Realität des Zusammenlebens, die darin sprachliche Gestalt bekommen hat. Die Wendung vollzieht sich faktisch darin, daß Joseph von seinem Herrn anders angesehen wurde, daß er in den Augen seines Herrn, wenn er vor ihm stand, um seine Befehle zu empfangen, etwas Neues fand: Huld, Neigung. Die wesentlichen Vorgänge und Wendungen im Geschehen werden in dieser Welt nicht im Inneren eines Menschen gesehen, also etwa in den Erwägungen, die Josephs Herr anstellte, sondern im Gegenüber der Menschen, im Miteinander, in dem von Person zu Person Geschehenden (vgl. das oben zu Vorliebe und Vorziehen des Jakob Gesagte). Wir können uns das so klarmachen: An sich könnte V. 4 b unmittelbar auf V. 3 folgen: »Es sah sein Herr, daß... und er setzte ihn als Aufseher...«; für uns würde hier nichts fehlen. Für den einen Erzähler aber würde dann die Hauptsache fehlen; die eigentliche Wendung geschah für ihn darin, daß der Herr seinen Diener nun anders ansah und daß der Diener in den Augen seines Herrn etwas Neues fand: Huld.

»Und er machte ihn zum Verwalter über sein Haus.« Dazu Gunkel: »Solche Hausmeier sieht man häufig auf ägyptischen Bildern; etwa den Stab oder die Papierrolle in der Hand.« Daß Joseph Jahwe für sich hatte und daß er ihm alles gelingen ließ, wirkt sich nun weiter aus auf das Haus des Ägypters, von der Stunde an, in der Joseph sein Verwalter wurde. Der Segen hat eine expansive, weiterwirkende Kraft; wo ein Gesegneter ist, da verbreitet sich Segen, ganz ähnlich wie in der Erzählung von Jakob bei Laban.

V. 6b. 7–20: Josephs unverschuldeter Fall

Daß Joseph schön von Gestalt und Aussehen war, wird hier nicht erzählt, um eine Personenschilderung zu geben, sondern weil es zum Verständnis der mit diesem Satz eingeleiteten Episode notwendig ist. Dieses Schönsein Josephs ist nicht an und für sich wichtig (»damit man sich ein Bild von

Joseph machen kann«), sondern es wird wichtig wegen der Möglichkeiten, die dieses Schönsein in sich birgt. Das Schöne ist im Alten Testament immer Geschehendes, nie an sich Seiendes; die Schönheit eines Menschen wird primär als etwas im Miteinandersein der Menschen Bedeutsames gesehen (so im Hohenlied).

V. 7: Der Satz »es erhob die Frau seines Herrn ihre Augen zu Joseph« beschreibt unseren Begriff des Begehrens. Wo wir das Gewicht auf den inneren Vorgang legen, auf den Vorgang in der Seele des Individuums, liegt in diesem Erzählen der Ton auf dem von einer Person zu einer Person Geschehenden.

»Und sie sagte: schlafe mit mir!« In V. 10 ist das von einem Redaktor abgemildert in »zu sein mit ihr«. Man hat später Anstoß genommen an dem deutlichen Ausdruck. Hier schon ist es nicht mehr bewußt, wie gerade die direkte Redeweise die wirkliche Geradheit und Klarheit den geschlechtlichen Vorgängen gegenüber bezeugt. Wo man diesen Vorgängen nicht mehr einen eindeutigen Namen zu geben wagt, zeigt man eben damit eine schiefe und gebrochene Einstellung zu ihnen. Wenn man unsere Erzählung unbefangen liest, kann man nicht verkennen, daß hier einerseits in wirklicher Scham, andrerseits natürlich gesprochen wird. Wo die Scham zu viel verbergen will, verliert sie die Natürlichkeit und wird damit fragwürdig.

V. 8: »Und er weigerte sich und sagte...« Hierzu sagt Gunkel: »Der Erzähler stellt... die Lüsternheit der ägyptischen Frau und die Keuschheit des israelitischen Jünglings einander gegenüber.« Und Procksch: »Das Motiv des reinen Mannes gegenüber der unreinen Frau« und dann: »Durch die Übertragung (des ägyptischen Motivs) auf Joseph ist der Gegensatz zwischen dem keuschen Semiten und der lasterhaften Hamitin feinsinnig im Hintergrund wirksam gemacht.« Bei beiden Auslegern ist der Sinn der Erzählung gründlich verkannt. Nach ihnen wäre der Gegensatz, der die Erzählung bestimmt, der zweier Eigenschaften (Keuschheit – Lüsternheit, rein – unrein), die in den Hauptpersonen repräsentiert werden. Solche Entgegensetzung von Eigenschaften verkennt die Erzählung im entscheidenden Punkt. Diese Verkennung ist zu erklären aus einer tiefen Befangenheit in einem abstrakt-moralischen Denken, in dem wir leben, das aber unserer Erzählung völlig fern liegt. Ginge es nämlich um diesen Gegensatz, was sollte dann der Zug, daß das Nachgeben Josephs ein Vertrauensbruch wäre? Sollte wirklich der Gegensatz von Keuschheit und Lüsternheit gezeigt werden, so geschähe dies sehr viel wirksamer, wenn in der Entscheidung keinerlei andere Motive mitspielten.

Mit einer anderen Bemerkung weist Gunkel auf den wirklichen Skopos der Erzählung: »Ihr Verlangen weist Joseph als einen argen Vertrauensbruch zurück; ein Zug, der wohl in allen Varianten der Erzählung wiederkehrt.« Joseph also weigert sich, seinem Herrn das Vertrauen zu brechen, das er ihm geschenkt hat. Das ganze Gerede von dem ›keuschen Joseph‹ dagegen geht an dem eigentlichen Sinn der Geschichte vorbei, ebenso wie die vielen bildlichen Darstellungen dieser Szene, die von diesem Motto ausgehen. – Was Joseph der Frau seines Herrn auf ihre Aufforderung hin sagt, läuft auf die Worte hinaus: »...und nichts hat er mir vorenthalten außer dir, weil du seine Frau bist.« Die vorangehenden Sätze sagen, wie weit die Verfügung des Joseph reicht. Der ganze Betrieb des Hauses ist in seiner Hand, er hat eine weitgehende Verfügungsgewalt. Hier aber ist seiner Verfügungsgewalt eine eindeutige Grenze gesetzt. Joseph hätte durch die Aufforderung die Möglichkeit, auch diese Grenze zu beseitigen; dann wäre die Herrschaft seines Herrn nur noch Illusion. Dazu sagt Joseph nein. Er respektiert die Grenze, weil er hinter ihr die Huld seines Herrn sieht, die Huld, die er in seinen Augen gefunden hat. *Diese Huld* ist es, die ihm die Grenze setzt: »Wie sollte ich dieses sehr Böse tun?« Joseph weiß, daß er mit dem Eingehen auf das Verlangen der Frau diese Huld seines Herrn verraten würde.

Die oben abgelehnte übliche Erklärung der Episode löst den Augenblick der Versuchung aus dem Ganzen des Geschehens heraus und erzeugt die Fiktion, als liege der Brennpunkt des Geschehenden in dem bloßen Gegenüber von Frau und Mann im Augenblick dieser Versuchung, als falle die Entscheidung im Gegenüber der Kräfte des geschlechtlichen Verlangens und einer Gegenkraft der Keuschheit oder Reinheit. Sie fällt aber in unserer Erzählung in Wirklichkeit darin, daß dem Verlangen der Frau eine ganz andere Kraft entgegentritt: die Treue Josephs zu seinem Herrn, der ihm Vertrauen geschenkt hat.

Im Verwischen oder Verrücken dieses Schwerpunktes in der modernen Auslegung der Josephgeschichte zeigt sich die Verkehrtheit der Sicht der geschlechtlichen Vorgänge überhaupt; man hat sie isoliert und in solcher Isolierung zu einem Gegenstand der Moral und Unmoral gemacht. Die falsche Sicht der Joseph-Erzählung ist dafür ein klassisches Beispiel. Diese falsche, scheinbar schamhafte Isolierung der geschlechtlichen Vorgänge zeigt sich schon in dem komischen Wort »Geschlechtsleben«. Man hat sich daran gewöhnt und tut so, als sei dies eine isolierte Provinz des menschlichen Lebens, die man auch möglichst isoliert halten müsse, und als hinge Denken und Handeln in dieser isolierten Provinz von einer auf sie isolierten Entscheidung zwischen Keuschheit und Unkeuschheit, zwischen Reinheit und Unreinheit ab. Die Joseph-Erzählung kann uns zeigen, wie grundverkehrt diese Einstellung ist. Man kann das Denken und das Tun auf diesem Gebiet keinesfalls in dieser Weise isolieren; in jedem Fall, wie die Situation auch liegen mag, reichen die Komponenten der hier fallenden Entscheidungen in das Gesamtdasein, also in die außergeschlechtlichen Bereiche des Daseins hinein; niemals lassen sie sich auf ein illusorisches »Geschlechtsleben« isolieren. In unserer Erzählung wäre das Nachgeben des Joseph in erster Linie eine Entscheidung gegen seinen Herrn, also ein Vertrauensbruch gewesen. Die Zucht in den geschlechtlichen Vorgängen hängt von der Kraft der außergeschlechtlichen Bindungen ab.

V. 9: »Wie sollte ich dieses sehr Böse tun und wider Gott fehlen (sündigen)?« Es ist nun klar: Diese Sünde wider Gott wäre *nicht* die Unkeuschheit, sondern der Bruch des Vertrauens, das ihm sein Herr geschenkt hat. Die Grenze, die dem Joseph in seiner Verfügungsgewalt gesetzt ist, ist von Gott geschützt. Gott wacht über dieser Grenze; er schützt und bewahrt darin das Heilsein der Gemeinschaft, den Frieden. Er tut das auch in Ägypten. Daß in diesem Vertrauensbruch eine Verfehlung Gott gegenüber geschieht, kann auch die Ägypterin verstehen, die anderen Göttern dient. Joseph erfuhr Gottes Mitsein in seiner Förderung und Erhöhung; er erfährt Gottes Gebieten in der ihm gesetzten Grenze, in einer Grenze, die aus erfahrener Wohltat sich selbst aufrichtete. Die Grenze des Gebotes Gottes kommt hier sehr deutlich aus seinem Mitsein, aus seinem Schenken. Ein schönes, klares Beispiel für den Zusammenhang des Gebotes Gottes mit seiner Güte. Der Vertrauensbruch wäre deshalb Sünde wider Gott, weil das in ihm gebrochene Vertrauen ja Gottes Geschenk war.

V. 11–18: Die Steigerung zum Höhepunkt hin ist auf eine einfache Weise dargestellt: V. 7–9 ist ein einmaliger Vorgang; V. 10 bringt die stetige Wiederholung hinzu, die zu einer Krise führen muß; die Krise erzählt, wieder als einmaliges Geschehen, V. 11–18. Die Weigerung des Joseph wird auf eine immer schwerere Probe gestellt. Es ist ja die Frau seines Herrn, die das »sehr Böse« von ihm will; so kann er sich ihr nicht entziehen, sondern

muß in ihr ausharren. Wieder zeigt sich dabei die Kunst der geringen Mittel: Bei der Darstellung der Steigerung bis zur Krise fehlt jedes psychologische Ausmalen, und das gerade macht das Gefälle zur Krise hin so stark; es ist eine besondere Art abstrakter Darstellung.
In V. 11 wird die Exposition gegeben: Joseph geht in das Haus an sein Tagewerk, und er ist dabei allein im Haus. Eine in ihrer Sparsamkeit meisterhafte Hineinführung in das nun sich entrollende Geschehen! Die Schilderung des Vorgangs in V. 12 ff. ist zurückhaltend und nüchtern. Allein durch die lakonische Kürze des Berichtes ist jedes Verweilen bei dem Berichteten verwehrt. Diese strenge Sachlichkeit, die die Vorgänge eindeutig beim Namen nennt, dabei aber kein einziges ausmalendes Wort nötig hat, ist nicht geeignet, eine neugierige Erregung zu erzeugen.
Daß Joseph vor einer Frau fliehen muß – eine traurige und schimpfliche Sache für ihn! –, ist wieder in seiner Lage bedingt: Es ist die Frau seines Herrn. Die Wirkung dieser Flucht bei der Frau, das Umschlagen der Liebe in Haß ist kunstvoll in V. 13 dargestellt, der z. T. V. 12 wiederholt: »Als sie sah, daß Joseph...« Wieder hat hier (vgl. V. 3 und V. 7) das Sehen eine hervorgehobene Bedeutung. Man kann die ganze Erzählung von diesen drei ›Augenblicken‹ her fassen: Der Ägypter sah Joseph an (V. 3); dessen Frau sah Joseph an (V. 7); die Frau sieht das zurückgelassene Kleid. Wir sagen, wenn wir uns die Geschichte erklären: Die Liebe der Frau wandelte sich in Haß. Aber auch das ist vielleicht schon eine zu plumpe Deutung; was hier geschieht, ist in solche Gefühlsbegriffe doch nicht wirklich zu fassen.
Wieder ist es – aber ganz anders als in Kap. 37 – ein Kleid, das ein sehr intimes Geschehen an die Öffentlichkeit bringt. Die Stille verborgenen Geschehens wird durch einen Schrei zerrissen; die Herrin ruft ihre Leute, und wie sie kommen, ist ihr erster Ruf: »Sehet!« Die Frau ruft damit die Diener zu Zeugen. Sie haben zwar nichts gesehen; aber die Frau weiß, wie sie trotzdem zu Zeugen werden können. Sie fängt es sehr klug an. Sie stellt

sich auf die Seite der Diener: »Seht: gebracht hat er uns einen Hebräer, daß er seinen Mutwillen mit uns treibe!« ›Er‹ ist der Herr, so wie die Dienstboten von ›ihm‹ sprechen. Sie ist in diesem Fall mit ihnen Partei gegen den Verwalter, aber auch ein bißchen gegen den Herrn. Und jetzt ist er »der Hebräer«. Sehr hübsch erklärt Gunkel: »sie macht ein wenig in Antisemitismus«. Es ist eine prächtige Schilderung! Besonders darin, daß die Frau bei der Wiedergabe des Tatbestandes fast genau die gleichen

Worte gebraucht, mit denen vorher objektiv das wirkliche Geschehen dargestellt war; man vergleiche nur V. 12 b, V. 15 b und V. 18 b. Hier zeigt sich wieder ein erstaunliches Eingehen auf das Menschliche bei dem einen Erzähler: Er weiß, daß es beim Verdecken eines Tatbestandes am klügsten ist, wenn man möglichst nahe an der Wahrheit bleibt, so daß die Abweichung vom wirklichen Tatbestand nur in kaum merklichen Nuancen besteht; und diese Kenntnis verwertet er meisterhaft in seiner Erzählung. Wieder wird das Kleid zum Indiz. Hier wird dem Joseph das Kleid abgerissen von der Frau, die ihn liebt und begehrt und die ihn mit diesem Indiz wieder in die Tiefe stürzt. Aber die sparsame Erzählweise deutet nichts davon an; der Hörer mag diese Motiv-Verbindung ziehen, notwendig ist sie nicht.

V. 16–18: Die gleiche Geschichte erzählt die Frau ihrem Mann. Die Verbindung schafft V. 16, ein stilles Bild zwischen den sich drängenden Akten: Die Frau bleibt liegen, das Indiz neben sich. Der Mann soll nicht nur hören, er soll auch sehen. – Auch ihrem Mann gibt sie Anteil an der Schuld (V. 17): »du hast ihn uns gebracht!« Wieder ist hier eine besondere Feinheit: Dieser eine Satz in ihrer falschen Beschuldigung ist völlig ehrlich! Sie könnte ihn genauso sagen, wenn sie offenbaren würde, wie es wirklich war. Es ist die alte Geschichte: Man ist bestrebt, die Schuld auf andere zu schieben, vgl. Gen. 3: »das Weib, das du mir gegeben hast...«

V. 19–20: Der Herr hört seine Frau an, und sein Zorn entbrennt. Joseph hört er nicht an. Wahrscheinlich besteht für ihn nach der Aussage seiner Frau, die sich wohlweislich vorher die Dienerschaft zu Zeugen geholt hat, gar keine Möglichkeit mehr, Joseph zu retten. – Jetzt erst erfährt Joseph die ganze Härte seines Schicksals. Er ist Sklave. Wenn in späterer Zeit dem Volk Israel immer wieder vorgehalten wird: »Gedenke, daß du Sklave gewesen bist in Ägypten« und damit zur Milde und Gerechtigkeit gegen Sklaven gemahnt wird, so mag dieses Motiv hier schon mitschwingen: der Schauder vor der Rechtlosigkeit eines Mannes, der ohne Schuld in die Sklaverei eines Volkes von großen Herren geraten ist. Aber auch hieraus schlägt der Erzähler kein Kapital; wir finden keinen Satz, der darüber reflektierte. Der Hörer mag es aus der Erzählung erspüren.

Wichtiger ist der theologische Aspekt der Erzählung. Was ist das für ein Gott, der den Joseph, der sich weigerte, die große Sünde gegen ihn zu begehen, so einfach in die Tiefe stürzen läßt? Wie ist es nun mit dem Mitsein Gottes mit Joseph? Die Fragen werden nicht beantwortet, dieses Fallenlassen wird mit keinem Wort begründet. So gerade redet der Erzähler vom Handeln Gottes. Man kann Gott sein Handeln nicht nachrechnen. Joseph rechtet nicht mit Gott, er verzweifelt nicht, er fragt nicht einmal. Es ist auch mit keinem Wort davon die Rede, daß die Schuldige bestraft wird. Das alles kann ruhig offenbleiben. Es ist genug, daß Gottes Handeln weitergeht.

Es muß noch ein Wort zur literarischen Herkunft von V. 7–20 gesagt werden. Wie man in den Kommentaren nachlesen kann, liegt dieser Episode ein sehr verbreitetes Erzählungsmotiv zugrunde. Es begegnet in der ägyptischen Erzählung von den beiden Brüdern; aber z. B. Gunkel meint, daß eine indische und eine persische Version der Erzählung der biblischen näher stehe als die ägyptische. Damit ist aber schon sicher, daß es sich nicht um literarische Abhängigkeit handelt, sondern um den Zusammenhang mit einer Vorgeschichte der Erzählung, der von der vorliterarischen Stufe her zu verstehen ist. Daß der Erzähler hier ein ihm bekanntes Erzählmotiv aufgenommen und für seine Erzählung verarbeitet hat, ist anzunehmen. Wie er sie aber seinem Zusammenhang einfügt und sie in diesem Zusammenhang bis in die feinsten Verästelungen dem Gesamtgeschehen einordnet, das ist sein besonderes Wort, das er in dieser Geschichte zur Sprache bringt.

V. 21 (oder 20b) –23: Josephs Erhöhung im Gefängnis

Vergleicht man die Verse mit 39, 2f., so findet man eine Reihe gleicher oder fast gleicher Sätze, man könnte beinahe von einer Variante reden. Jetzt ist also Jahwe wieder mit Joseph! Er wendet ihm Gnade, ḥæsæd, zu. Das ist nicht als eine Eigenschaft Gottes gemeint, sondern als eine Weise seines Handelns. Sie wirkt sich darin aus, daß Joseph wieder Huld bei seinem jetzigen Vorgesetzten, dem Gefängnisaufseher findet. Wie vorher der Ägypter, so vertraut ihm jetzt der Gefängnisvogt alles an. Wieder gibt ihm Gott in all seinem Tun Gelingen.

Es zeigt sich sehr klar, wie der Erzähler vom Handeln Gottes denkt und redet. Wenn Gott mit einem Menschen ist, so bedeutet das keineswegs, daß es dem immer gutgeht. Es schließt Sturz und Demütigung durchaus nicht aus. Gott ist frei, völlig frei in seinem Handeln an den Menschen, und das Handeln Gottes am Menschen spiegelt durchaus nicht immer das Verhalten dieses Menschen zu Gott. Er wäre nicht Gott, wäre er darin nicht frei und unberechenbar. Eines aber ist sicher: Wo einmal eine Geschichte Gottes mit einem Menschen oder mit einer Gemeinschaft angefangen hat, da geht sie weiter, auch wenn man auf lange Strecken nichts davon spürt. So realistisch wie der Erzähler das Miteinander und Gegeneinander der Menschen sieht, so sieht er auch das Handeln Gottes an den Menschen. Man kann es nicht auf Formeln bringen. Gott handelt; das zu wissen, ist genug.

IV. Zur Darbietung

Man wird bei der Darbietung dieses Kapitels davon ausgehen, daß wir es in der kirchlichen Sprache im Gottesdienst, in der Bibelstunde, im Unterricht gewohnt sind, in allgemeinen, umfassenden Begriffen von Gott und vom Menschen zu reden. Da reden wir von Sünde und Gnade und Rechtfertigung, vom Gesetz und vom Evangelium; da sagen wir, daß ›der Mensch‹ Sünder ist, daß die Vergebung der Sünden für alle geschehen ist und ähnlich.
Und auf der anderen Seite sprechen wir auf Kirchentagen, in den Evangelischen Akademien und in mancherlei Tagungen von lauter ›aktuellen‹ Themen, von Jazz und von moderner Kriegsführung und von Geburtenbeschränkung und von Entwicklungshilfe und so weiter. Aber leider muß man sagen, daß es schwer ist und schwer bleibt, von den allgemeinen theologischen Sätzen über Gott und den Menschen eine Brücke zu schlagen zu den aktuellen Themen. Für viele einfache Christen bleiben das trotz aller Anstrengungen zwei Welten, die nicht vereinigt werden können.
Von dieser Schwierigkeit her wollen wir auf unseren Abschnitt der Joseph-Erzählung hören. Es wird uns dann zunächst einmal klarwerden: Hier hören wir einmal der Bibel zu in einer Erzählung, in der die Menschen so geschildert werden, wie sie wirklich sind. Und die Vorgänge, die hier geschildert werden, das ist das wirkliche Leben. Hier gibt es kein Allgemeines, keine Schablone, keine Begriffe, die alles gleichmachen; das hier Geschehende ist unverwechselbar einmalig und in dieser Einmaligkeit wirklich.
Und in diese wirklichen Daseinsvorgänge, die spannend und bunt geschildert werden, reicht das Wirken Gottes hinein. Es ist gar nicht leicht,

es wahrzunehmen. Man kann es auch nicht in allgemeine Begriffe fassen; dann stimmt es alles nicht mehr. Es kommt vielmehr darauf an, sich ganz in das Geschehen zu vertiefen, von Schritt zu Schritt mitzugehen und gerade das Menschliche dieses Geschehens ernst zu nehmen.

Die Versuchung, die hier geschildert wird, werden wir nicht auf ein allgemeines Versuchungsschema zu bringen versuchen, sondern sie in ihrer Einmaligkeit, in ihrer Besonderheit durchdenken und von da aus hinübersehen in die Möglichkeiten von Versuchung, denen wir selbst ausgesetzt sind und in denen auch jedesmal etwas für den Weg dieses Menschen Einmaliges geschieht, woran er mit seinem ganzen Menschsein beteiligt ist und das so zu einem besonderen Akt in seiner Geschichte mit Gott wird.

Zum Schluß, wenn wir dieser Erzählung in allen ihren Phasen und mit alldem, was sie nicht sagt, sondern nur andeutet, nachgegangen sind, können wir von dieser Geschichte her über die Menschwerdung Gottes, die Inkarnation, nachdenken: Dieses Menschsein, in das Gott hinabgekommen ist, das ist nicht ein allgemeines, abstraktes, konstruiertes, sondern das wirkliche, individuelle Menschsein mit allen seinen Höhen und Tiefen. Darum ist die Bibel so am rein Menschlichen interessiert, wie es unsere Erzählung zeigt.

Dritte Bibelarbeit:
Vorbereitung der Erhöhung Josephs
1. Mose 40, 2–23

I. Zum Text

2	hămmăšpîm	pt m pl hif von šqh hif trinken lassen (Mundschenk) mit Artikel
	ha'ôpîm	pt m pl q von 'apā backen (Bäcker) mit Artikel
4	ṭăbbaḥîm	pl Leibwache
	bêt hăssoḥăr	Gefängnis
5	ḥǎlôm	Traum
	pitrôn	Deutung
6	wăjjăr'	3. m sg impf q von ra'ā sehen mit waw cons
	zoʿapîm	pt m pl q von zaʿăp verdrießlich sein
8	poter	pt q von paṭăr auslegen, deuten
10	śarîgim	pl Weinranken
	kᵉporăḥăt	pt f q von parăḥ sprossen mit kᵉ
	niṣṣaḥ	man lese niṣṣā Blüte (oder niṣṣatah c suff 3. f sg)
	hibšîlû	3. pl pf hif von bašăl kochen, reif werden, hif reif machen
	'aškᵉlotǣha	pl von 'æškol Traube c suff 3. f sg
11	kôs	Becher
	wa'æśḥăṭ	1. sg impf q von śaḥăṭ auspressen mit waw cons
13	jiśśa'	3. m sg impf q von naśa' erheben
	hᵃšîbᵉka	3. m sg pf hif von šûb zurückkehren, hif zurückkehren lassen c suff 2. m sg
	kănnǣka	ken Stelle c suff 2. m sg
16	sallê	cstr pl von săl Korb
	ḥorî	Gebäck
18	wăjjăʿăn	3. m sg impf q von ʿanā antworten mit waw cons (verkürzte Form)

19   talā 3. m sg pf q von talā aufhängen
21   wăjjašæb 3. m sg impf hif von šûb zurückkehren, hif zurückbringen, wieder einsetzen mit waw cons

II. Aufbau

Die Erzählung in Kap. 40 ist so aufgebaut:
(Der Anschluß nach rückwärts ist 37, 36 und Fragmente in 39, 1.2.4.6.)
1–4 Einleitung: Zwei Beamte des Pharao werden ins Gefängnis gebracht, und Joseph wird ihnen zur Bedienung zugeteilt
5–19: Die Träume und ihre Deutung
    5–8: Die Träume der Beamten und Josephs Erkundigung
    9–13: Der Traum des Obermundschenken und Josephs Deutung
    14–15: Josephs Bitte
    16–19: Der Traum des Oberbäckers und Josephs Deutung
20–22: Das Eintreffen der Deutung
23: Die vergessene Bitte.

III. Zur Auslegung

Das Kapitel ist im Ganzen der Erzählung eine Erweiterung; diese Erweiterung ist offenbar bedingt durch das besondere Interesse an Träumen, das sich ja durch die ganze Erzählung hindurchzieht. Mit Joseph selbst geschieht eigentlich in diesem ganzen Kapitel gar nichts; es endet mit einem bewußt retardierenden Satz, in dem die Erwartung, die das ganze Kapitel hindurch sich vorbereitete, daß es doch nun wieder mit Joseph aufwärts gehen müsse, glatt abgeschnitten wird: Er ist vergessen und bleibt weiter im Gefängnis.

1) Die Träume also sind dem Erzähler so wichtig, daß er in einer eigenen, weit ausladenden Szene der entscheidenden Traumdeutung in Kap. 41 hier eine vorlaufende, vorbereitende Traumdeutung vorausgehen läßt. Was hat es mit diesen Träumen und ihrer Deutung auf sich? In den Vätergeschichten ist oft berichtet, daß Gott sich einem der Väter offenbarte und ihm ein Wort der Weisung oder Verheißung sagte. Das ist in der Joseph-

geschichte anders; direkte Gottesoffenbarungen kommen hier nicht mehr vor. Das hängt mit der späteren Entstehung der Joseph-Erzählung in einer moderneren, ›aufgeklärten‹ Geistigkeit zusammen. Aus dieser geistigen Atmosphäre heraus wird eine Offenbarungsform besonders wichtig, in der ein natürliches Phänomen, eben der Traum, zum Offenbarungsträger wird. Wir können sicher annehmen, daß hinter dem Erzählungsmotiv ein großer und bedeutender Traditionskomplex steht: die wirkliche Vermittlung des Gotteswortes und des Gotteswillens durch den Traum, die einmal eine wichtige Bedeutung und eine weite Verbreitung gehabt haben muß. Wir erfahren von ihr noch viel später in der Polemik der Propheten gegen andere, die sog. Heilspropheten: Jer. 23, 25 ff.:

»Ich habe wohl gehört, was die Propheten sagen, die in meinem Namen Lüge weissagen und sprechen: Mir hat geträumt, mir hat geträumt, mir hat geträumt!...

Der Prophet, der einen Traum hat, erzähle seinen Traum; der aber mein Wort hat, der rede getreulich mein Wort!«

Wenn sich Jeremia hier gegen eine entartete Prophetie wendet, in der sich der Prophet auf einen Traum beruft, ist anzunehmen, daß dahinter eine lange Tradition steht, in der solche Offenbarung durch Träume auch einmal eine durchaus positive Bedeutung hatte. Wir können annehmen, daß das, was hier in der Joseph-Erzählung von Gottesoffenbarung durch Träume gesagt wird, ganz an den Anfang dieser Traditionslinie gehört. Ein wesentlicher Unterschied liegt darin, daß hier der Traum noch nicht der Prophetie zugeordnet ist, sondern sowohl die Träume wie auch deren Deutung sind noch an kein Amt gebunden. Nun zeigt aber gerade unsere Erzählung einen entscheidenden Wendepunkt an: Sie ist angedeutet in dem Satz in V. 8: »Sind Deutungen nicht Gottes Sache?« Denken wir zurück an die Träume in Kap. 37 (hier wie dort sind es zwei einander zugeordnete Träume!), so ist dort von einer Deutung nichts gesagt, sie ist auch gar nicht nötig, weil die Träume dort ganz unmittelbar sprechen. Das ist dort wahrscheinlich bedingt durch die einfache Form der Gemeinschaft, in der der Traum seinen Ort hat. In den sehr differenzierten Verhältnissen in Ägypten dagegen kann es geschehen, daß einer zwar in einem Traum etwas von Gott gesagt bekommt, es aber nicht zu deuten vermag. Das Deuten aber ist Sache Gottes; d. h. Gott selbst muß jemanden begaben und beauftragen zur Deutung des Traums. Hier sehen wir sehr klar den Übergang von der Unmittelbarkeit einer Gottesoffenbarung durch den

Traum zu einer vermittelten, also zu einer Offenbarung, die nicht mehr direkt, sondern durch einen Mittler, den für die Deutung Begabten und mit der Deutung Beauftragten, erfolgt. Die dritte Stufe ist dann die, in der auch der Traum selbst nicht mehr der Traum irgend jemandes sein kann, sondern nur noch die Träume besonderer Mittler, also z. B. der Propheten, können Gottesoffenbarungen vermitteln.
Diese verschiedenen Stufen der Bedeutung des Traumes als des Trägers einer Gottesoffenbarung konnten hier nur in groben Linien angedeutet werden. Für unsere Erzählung ist nur wichtig, daß hinter dem Erzählungsmotiv wirkliche Geschichte steht, die wirkliche Bedeutung der Träume für die Vermittlung von Gottesworten in einer frühen Zeit in Israel. Wenn nun hier erzählt wird, wie die ägyptischen Beamten ratlos und traurig sind, weil sie beide die Träume, die sie hatten, nicht zu deuten vermögen (wir werden sehen, wie gerade dieses Motiv im nächsten Kapitel gesteigert wird), wie dann aber der fremde Sklave sich von Gott begabt weiß, den beiden ihre Träume zu deuten, dann können wir daraus unmittelbar die dankbare Freude an dieser Begabung vernehmen, die Gott denen geschenkt hat, die er sich erwählt hat und mit denen er ist. Hier spiegelt sich in der Erzählung die wirkliche Erfahrung von Deutung des Gotteswillens und Deutung des Gotteswortes aus Träumen, wie sie in der frühen Geschichte Israels gemacht wurden.

2) Wir müssen besonders auf den Anlaß achten, wie es zur Deutung der Träume der beiden ägyptischen Beamten im Gefängnis kam. Joseph, so heißt es, war ihnen zur Bedienung im Gefängnis zugewiesen worden. Es wird sehr lebendig erzählt, wie Joseph am Morgen zu ihnen in die Zelle tritt:
»Und er sah sie an, und siehe: sie waren niedergeschlagen.
Und er fragte sie:...
Warum macht ihr heute so ein trauriges Gesicht?«
Um diesen Passus der Erzählung zu verstehen, muß man die Atmosphäre eines Gefängnisses kennen. Nur dann kann man ermessen, was eine solche teilnehmende Frage bedeutet. Es ist menschliche Anteilnahme, die das ganze hier folgende Geschehen auslöst. Dieser einfachen menschlichen Anteilnahme wird in unserer Erzählung ein großes Gewicht beigemessen. Sie ist ein Element des Humanum, das für die ganze Joseph-Erzählung so charakteristisch ist. Dabei ist aber wichtig, daß diese mensch-

liche Anteilnahme nicht besonderer Veranstaltungen oder besonderer Reden bedarf, sondern in der einfachen, bei allen Menschen üblichen Form der Erkundigung, der Erkundigung nach dem Ergehen bleibt. Hier weist unsere Erzählung stillschweigend darauf hin, von wie hoher Bedeutung diese einfachsten und allgemeinsten Formen menschlicher Begegnung sein können, wenn sie nicht in Formeln erstarrt, sondern lebendiger Ausdruck echten Interesses am anderen Menschen sind. Wir erinnern uns des Satzes in 37, 4, in dem von den Brüdern nach dem Geschenk des Vaters an Joseph gesagt wurde: »sie konnten ihn nicht mehr freundlich grüßen«. Den alltäglichen Formen menschlichen Umgangs wird in diesen frühen Erzählungen der Bibel eine für die Mitmenschlichkeit entscheidende Bedeutung gegeben. Daß Joseph die beiden Gefangenen ansah, daß er die Traurigkeit in ihren Mienen fand und daß er sie dann teilnehmend fragte, warum sie denn traurig seien – darin will der Erzähler zeigen, daß Joseph den beiden Gefangenen als Mitmensch begegnet.

3) Die beiden Träume des Obermundschenks und des Oberbäckers sprechen ja deutlich genug; doch muß man auf einen feinen Unterschied zwischen den Träumen und der Deutung durch Joseph achten. Es fällt nämlich auf, daß der entscheidende Unterschied zwischen den beiden Träumen in der Deutung gar nicht zum Ausdruck kommt. Er liegt darin, daß der eine ein heiles, der andere ein gestörtes Geschehen schildert. Von daher ergibt sich die Deutung auf die Wiedereinsetzung in sein Amt bei dem einen, die Hinrichtung bei dem anderen. Was in der Deutung durch Joseph ausgesprochen wird, sind nur sekundäre Züge, z. B. daß die drei Ranken drei Tage bedeuten. In diesen Nebenzügen könnte man von allegorischer Deutung reden, und es ist möglich, daß die allegorische Deutung als solche ihren Ursprung in der Traumdeutung hat. Im Entscheidenden aber sind die Träume nicht allegorisch gedeutet, sondern durch Entsprechung zwischen dem Traumgeschehen und dem wirklichen Geschehen. Die hier erzählte Deutung der Träume der Ägypter setzt eine schon entwickelte Kunst der Deutung voraus; wir begegnen in der Traumdeutung den Anfängen der Auslegungskunst überhaupt.

Wenn in unserer Gegenwart die Träume als ein Ausdruck des Menschseins wieder ernster genommen werden als seit Jahrhunderten und es bei uns wieder eine wissenschaftliche Auslegung von Träumen gibt (von der Medizin und von der Psychologie her; vgl. die verschiedenen Schulen der

Psychoanalyse, die sich mit den Träumen beschäftigen, z. B. C. G. Jung), dann können wir auch das Motiv der Träume und des Traumdeutens in der Joseph-Erzählung sehr viel ernster nehmen als die Generationen vor uns. Gewiß liegen hier große Gefahren, und die Grundlagen wissenschaftlicher Traumdeutung sind durchaus noch unsicher; mit Sicherheit aber können wir sagen, daß die unterbewußten Schichten unseres Menschseins, die in den Träumen zum Ausdruck kommen, in einem Zusammenhang mit dem bewußten und wachen Menschsein stehen, auch wenn wir diesen Zusammenhang oft oder sogar meist nicht sehen können.

4) Der Oberbäcker und der Obermundschenk

Sehen wir bei den Traumschilderungen einmal davon ab, daß es Träume sind, so sind uns in ihnen zwei besonders lebendige Miniaturen vom Leben am Hof des Pharao in Ägypten gegeben. Sie zeigen uns den Dienst zweier hoher Beamter; beider Amt besteht in der persönlichen Bedienung des Herrschers. Diese beiden Bilder wie eine Fülle weiterer Schilderungen des ägyptischen Lebens und des ägyptischen Hofes in den folgenden Kapiteln sind aus der Begegnung Israels mit Ägypten und dem lebendigen Interesse an diesem Land erwachsen. Dieses Interesse geht bis auf ganz frühe Begegnungen einzelner Stämme und Gruppen von der Gründung des Stämmebundes zurück, beruht wesentlich auf der Zeit des Aufenthaltes (ebenfalls nur einer Gruppe) in Ägypten, der mit der Befreiung aus Ägypten endet, und kommt dann zu einem Höhepunkt zur Zeit Salomos. Den lebendigsten literarischen Niederschlag dieser Begegnung Israels mit Ägypten haben wir in der Joseph-Erzählung.
Hierbei zeigt sich ein theologisch sehr wichtiger Zug der Joseph-Erzählung. Wir finden in dieser ganzen Erzählung so gut wie keinen einzigen Reflex des ägyptischen Gottesdienstes, der großartigen ägyptischen Götterlehre, der hochentwickelten religiösen Literatur Ägyptens. Das alles hat damals die Israeliten anscheinend überhaupt nicht interessiert. Wir können daraus folgern, daß die ägyptische Götterlehre und der ägyptische Gottesdienst in gar keiner Weise zu einer Versuchung für Israel wurde. Durch die ganze Erzählung hindurch wird ja mit der größten Selbstverständlichkeit vom Wirken Jahwes, des Gottes Israels, in Ägypten gesprochen. Wenn in unserer Erzählung Joseph die beiden ägyptischen Beamten fragt: »Sind Deutungen nicht Gottes Sache?«, so ist damit

selbstverständlich von dem Gott die Rede, der mit Joseph im fremden Lande war; und daß die beiden Beamten ihn nicht kennen und anderen, mächtigen Göttern dienen, spielt dabei nicht die geringste Rolle. Wir können darin das Zeugnis eines jungen, starken Glaubens sehen, für den es ein Hinüberschielen nach anderen Göttern noch nicht gab.

Um so mehr tritt dann aber heraus, daß das junge Israel an allem anderen, was es in Ägypten zu sehen und zu lernen gibt, äußerst interessiert ist. Es ist ein sehr lebendiges, wachsames Interesse an den Eigenheiten des ägyptischen Großreiches, an den politischen, an den sozialen und an den wirtschaftlichen Verhältnissen in diesem Land, das uns auf jeder Seite der Joseph-Erzählung begegnet. Hier kann sich also ein gewisser und lebendiger Glaube durchaus mit einem geistigen und einem persönlichen Interesse an einer Kultur verbinden, der Israel auf seinem Weg durch die Geschichte begegnet. Und wir können dann sagen: Es wird ein Zusammenhang bestehen zwischen der persönlichen Anteilnahme, die Joseph an den beiden gefangenen Beamten nimmt, und dem sachlichen Interesse am Leben der Ägypter und den Einrichtungen des ägyptischen Reiches, das durch die ganze Erzählung hin zu spüren ist.

In unserem Kapitel ist es das Phänomen des ägyptischen Hofbeamten, das das Interesse des Erzählers weckte und die Erzählung mitgestaltete. Daß der Pharao einen Oberbäcker und einen Obermundschenk zu seiner persönlichen Bedienung hat; daß solch ein hoher Beamter von heute auf morgen im Gefängnis landen kann, wenn der Pharao ihm zürnt, daß dann ebenso plötzlich der eine von ihnen wieder zu Amt und Ehren und der andere an den Galgen kommt (in der Erzählung ist das sehr schön durch das Wortspiel mit dem Verb ›das Haupt erhöhen‹ ausgedrückt), das sind Beobachtungen, aus denen das staunende Interesse am Leben des ägyptischen Hofes spricht.

5) Die vergessene Bitte

Zu diesen Beobachtungen des Lebens am Hof des Pharao gehört auch, daß ein einzelner Mensch in diesem Betrieb einfach untergehen kann. In Sturz und Aufstieg ist jeder mit sich selbst so beschäftigt, daß dabei eine erwiesene Wohltat und die Bitte eines Unglücklichen schnell vergessen ist. In diesem Zug der Bitte Josephs an den Obermundschenken, an ihn zu denken, wenn er wieder im Licht der Gunst des Pharao steht, und der lakonischen Schlußbemerkung, daß der Obermundschenk ihn einfach vergaß, tritt wieder ein allgemein menschlicher Zug in den Vordergrund. Hier finden wir zum ersten Mal in der Bibel das Bewußtwerden eines menschlichen Zuges, der überall dort auftritt, wo – wie am ägyptischen Hof – ein Übereinander und Ineinander von Instanzen und von sozialen Stufen das einfache menschliche Empfinden zurücktreten läßt. Hier kann ein Mensch einfach vergessen werden; in diesem Vergessen zeigt sich die Bedrohung des Menschlichen, die mit den zu weiten Abständen zwischen den sozialen Stufen verbunden ist. Das stark ausgeprägte soziale Denken, das wir im Alten Testament an so vielen Stellen finden, ist in dieser frühen Erzählung schon angedeutet.

IV. Zur Darbietung

Bei dieser Bibelarbeit braucht zur Darbietung nicht mehr viel gesagt zu werden. Die Darbietung kann den fünf Punkten folgen, in die die Auslegung schon thematisch zusammengefaßt ist.
Dazu sei noch eine praktische Anregung gegeben: Wenn dieses Kapitel in einer Bibelarbeit im Kreis ausgelegt wird, ist hier eine gute Gelegenheit, an Bildern zu zeigen, daß wir über das Ägypten, in das Joseph als Sklave kam, in dem er vom Gefängnis zum Minister des Pharao aufstieg, so viel wissen wie über kein Volk und Land der Antike sonst. Man kann das an einem beliebigen Bildband über Ägypten demonstrieren. Man wird in jedem Bilder und Figuren finden, die uns irgendeine Seite der Joseph-Erzählung ganz unmittelbar anschaulich machen. Ich nenne als ein Beispiel »Die Welt der Ägypter« von W. Wolf in der Sammlung »Große Kulturen der Frühzeit«, Stuttgart 1958. Hier z. B. kann das »Modell eines Wohnhauses in Amarna und Straße in Amarna«, Tafel 74, uns einen Eindruck geben, wie etwa ein solches Haus aussah, in dem Joseph als Verwalter eingesetzt wurde. Oder der Traum des Mundschenken wird uns unmittelbar anschaulich in der Darstellung der Weinernte auf Tafel 58. Aber das sind nur Beispiele; man wird deren genügend in jedem Bildband über Ägypten finden.

Vierte Bibelarbeit:
Josephs Erhöhung
1. Mose 41, 1–32

I. Zum Text

2	wăttirʿdna	3. fem pl impf q von raʿā weiden mit waw cons
3	wăttăʾᵃmodnā	3. fem pl impf q von ʿamăd sich hinstellen mit waw cons
4	wăttoʾkălnā	3. fem pl impf q von ʾakăl fressen mit waw cons
	wăjjîqăṣ	3. m sg impf q von jaqăṣ erwachen mit waw cons; V. 21 wāʾîqăṣ 1. m sg
5	wăjjîšan	3. m sg impf q von jašen (ein)schlafen
6	šᵉdûpot	fem pl pt pass q von šadăp schwärzen (durch Hitze)
	ṣomᵉḥôt	fem pl pt q von ṣamăḥ entsprossen
7	wăttiblăʿnā	3. fem pl impf q von bală' (gierig) verschlingen mit waw cons
8	wăttippaʿæm	3. fem sg (rû~ḥ!) impf nif von pʿm = beunruhigt werden mit waw cons
	ḥᵃkamē ha	pl von ḥakam weise mit suff fem sg (miṣrăjim)
	wăjᵉsăpper	3. sg m impf pi von sapăr zählen, erzählen mit waw cons
	pôter	m sg pt q von patăr deuten; V. 12 wăjjiptăr [lanu] 3. sg m impf q, verkürztes impf wegen măqqef-Verbindung
9	măzkîr	m sg pt hif von zakăr gedenken
10	qaṣăp	3. m sg pf q von qaṣăp zürnen
11	wănnăḥălmā	1. pl impf q von ḥalăm träumen mit waw cons
	kᵉpitrôn	stat cstr von pittarôn Bedeutung mit kᵉ = hier »je nach«
13	hešîb	3. sg m pf hif von šûb umkehren = wiederkommen lassen, zurückhalten
	talā	3. sg m perf q von talā aufhängen
14	wăjᵉrîṣuhû	3. pl impf hif von rûṣ laufen = schnell kommen lassen mit waw cons und suff 3. m sg

	wăjeălläḥ	lies wăjjitgălläḥ 3. sg impf hitp p von glḥ = sich scheren lassen
	wăjeḥăllep	3. sg impf pi von ḥalăp = wechseln
16	bilʿadăj	bilʿadê: abgesehen von, mit suff 1 sg
	jăʿanæ̂	3. sg m Jussiv (= impf) q von ʿanā antworten, hier: zusagen
21	băttᵉḥillā	zu Anfang, beim ersten Mal
24	măggîd	m sg pt hif von ngd erzählen; V. 25: higgîd 3. sg. m perf hif
28	hærʾā	3. m sg perf hif von raʾā sehen, zeigen
30	wᵉqamû	3. pl perf von qûm aufstehen mit waw cons (futurisch!)
	wᵉniškăḥ	3. sg m perf ni von šakăḥ vergessen mit waw cons
	wᵉkillā	3. sg m perf pi von kalā aufhören, aufreiben, erschöpfen mit waw cons
31	jiwwadăʿ	3. sg m impf nif von jadăʿ wissen
32	hiššanôt	inf nif von šanā wiederholen
	nakôn	pt nif von kûn festmachen
	mᵉmăher	pt pi von mhr eilen

Im ersten Teil des Kapitels bis V. 32 liegt eine in sich geschlossene Erzählung von den Träumen des Pharao und ihrer Deutung durch Joseph vor. Bei der Erklärung muß man die vorangehenden Traumerzählungen in Kap. 37 und Kap. 40 ständig vor Augen haben; sie bilden in sich einen losen Zusammenhang, und man kann eine Steigerung von den Träumen Josephs in Kap. 37 bis zu den Träumen des Pharao in Kap. 41 wahrnehmen.

II. Aufbau

1–8: Die Träume des Pharao
   1–4: Die sieben Kühe
   5–7: Die sieben Ähren
   8: Die ägyptischen Weisen können sie nicht deuten
9–16: Joseph wird vor Pharao gerufen
   9–13: Der Obermundschenk erinnert sich

14: Joseph wird vor den Pharao gebracht
15–16: Joseph auf Pharaos Bitte: Nicht ich, sondern Gott
17–32: Joseph deutet dem Pharao die Träume
17–24: Pharao berichtet von seinen Träumen (24 b = 8)
25–32: Joseph deutet dem Pharao die Träume.

Die Erzählung ist klar und einfach gefügt; sie erhält ihre Spannung durch das Versagen der ägyptischen Weisen (V. 8 und 24 b), dem das Gelingen der Deutung durch Joseph entgegengehalten wird; dieses Gelingen der Deutung aber wird in der Mitte der Erzählung, in V. 16, auf Gott zurückgeführt, den Gott, der mit Joseph ist; so hat die Mitte der Erzählung deutlich den Charakter des Gotteslobes. Das, was an Gott gelobt wird, ist in 41, 25 ausgesprochen: Gott kündet dem Pharao, was zu tun er im Begriff ist. Das Ankündigen seines Tuns ist wie in Kap. 40 ein Vorhersagen dessen, was geschehen wird; aber über Kap. 40 hinaus hat das Ankündigen hier noch einen weitergehenden Sinn: Durch solches Ankündigen wird es möglich, dem angekündigten Geschehen so zu begegnen, daß es vielen zum Heil wird. An dieser Stelle also ist das Traummotiv in feste Verbindung gebracht mit dem das Gesamtgeschehen deutenden Wort 50, 20: Gott hat alles in der Josephgeschichte Geschehende so gelenkt, daß viele Menschen dadurch am Leben erhalten werden. Das Geschehen kreist um den Traum am Anfang und den Traum auf dem Höhepunkt. Ein Traum ist der Anlaß für den Sturz Josephs (37); ein Traum wird der Anlaß zu seinem Aufstieg (41). Der eine Traum bedingt das Verbrechen der Brüder: »Ihr gedachtet es böse zu machen«; der andere Traum leitet das rettende und bewahrende Handeln Gottes auch an denen ein, die es böse zu machen gedachten: »Gott aber dachte es um zum Guten.« Der eine Traum scheint eine frevelhafte Selbsterhöhung Josephs zu bezeugen; durch den anderen Traum, den Joseph zu deuten befähigt wird, wird jener erste Traum wider alle Erwartung der Erfüllung zugeführt. Durch den erhöhten Joseph führt Gott seinen Plan der Bewahrung der Familie Jakobs durch.

III. Zur Auslegung

V. 1–8: Die Träume des Pharao

Die Träume als Offenbarungsmittel haben in der alten Welt eine wichtige Rolle gespielt. Das kann hier nicht dargestellt werden; ich verweise auf E. L. Ehrlich, »Der Traum im AT« (BZAW 73, 1953), und dessen kurze Zusammenfassung in dem Artikel »Traum« in RGG³, VI. Band. Er sagt hier (Sp. 1002): »Eine besondere Rolle spielen dabei die Königs-Träume (aus Mesopotamien u. a. von Assurbanipal 7. Jhdt. und Nabonid 6. Jhdt. berichtet). In der sog. Autobiographie des Hethiterkönigs Hattušili III. 13. Jhdt. stellen Träume ein Mittel der Gottheit dar, dem König den Weg zur Macht zu weisen. Der Traum des ägypt. Königs Thutmose IV. Ende 15. Jhdt. wird an einem numinosen Ort im Schatten der großen Sphinx geträumt...«

Der Traum des Pharao in der Joseph-Erzählung entspricht also durchaus der damaligen Wirklichkeit. Wir kennen ja auch aus dem AT den Traum des Königs Salomo (1. Kön. 3, 5–15), in dem Salomo eine Offenbarung Gottes, sein Königtum betreffend, erfährt. In den Träumen der Könige zeigt sich einmal die besondere Verbindung des Königs mit der Gottheit in der ganzen antiken Welt; es zeigt sich darin aber auch die hohe Verantwortung des Königs für sein Volk. Der König muß vorausblickend für sein Volk und sein Land sorgen; deren Wohl und Wehe hängen in einem hohen Maß von der Voraussicht, von den Entscheidungen, vom Wirken des Königs ab.

In den Träumen des Pharao in unserer Erzählung geht es offenkundig um die Wirtschaft des Landes, um die Versorgung seiner Menschen durch den Ackerbau (Ähren) und die Viehzucht (Kühe). Auch darum also muß sich der König kümmern, auch die Wirtschaft des Landes hängt vom Entscheiden und vom Planen des Königs ab. Und da die Träume der Könige auch in Ägypten als göttliche Offenbarungen gesehen werden können (vgl. das obige Zitat), ist die Wirtschaft des Landes hier noch in festem Zusammenhang mit dem göttlichen Wirken gesehen, wobei in diesem Fall der König das Verbindungsglied zwischen dem göttlichen Wirken und der Wirtschaft des Landes ist.

An diesen Träumen des Pharao in der Josephgeschichte kann uns ein für die Weltgeschichte bedeutsamer Vorgang klarwerden: Das Königtum als die durch viele Jahrtausende beherrschende Regierungsform hatte seinen Lebensnerv in der besonderen, wie auch immer gearteten Verbindung des Königs zum Göttlichen. Der König war in einer besonderen Weise der Vermittler göttlichen Segens. In dem Maß, als diese Verbindung zum Göttlichen geschwächt wurde und sich allmählich ganz auflöste, verlor das Königtum an Bedeutung und an Boden. Hier liegt die eigentliche Wurzel der Ablösung der Monarchie durch die Demokratie.

V. 9–16: Joseph vor dem Pharao

Der die Träume und ihre Deutung verbindende Mittelteil V. 9–16 hat sein Ziel in dem Satz V. 16: »Nicht ich, Gott wird dem Pharao zum Heil antworten.« Der Satz sagt einmal, daß die Deutung des Traumes auf Gott zurückgeführt wird; denn Gott ist es, der Joseph zum Deuten befähigt, Gott ist es, der den Joseph in dieser Stunde vor den Pharao gebracht hat. Zugleich sagt der Satz, daß es eine günstige, dem Heil des Landes dienende Deutung sein wird. Dieses Wegweisen von den Menschen auf Gott: »Nicht ich, Gott...«, genau entsprechend wie 45, 8: »Nicht ihr, Gott...« zeigt das erzählend dargestellte Gotteslob, das Gott die Ehre gibt in seinem Wirken an den Menschen; er ist es, der die verworrenen und verkehrten Wege der Menschen zu einem guten Ziel bringt.

So kann denn auch in dem kleinen, allzu menschlichen Zug ein stilles Walten Gottes gesehen werden, daß der Obermundschenk, der Joseph vollständig vergessen hatte, angesichts der Träume des Pharao sich wieder erinnert; jetzt kann er sich durch seine Erinnerung sogar noch hervortun und dem Pharao einen wichtigen Hinweis geben! Dieses Sich-Erinnern des Obermundschenken aber steht auf dem Hintergrund des Versagens der ägyptischen Weisen, die den Traum nicht deuten können, V. 8 b und 24 b. Darin spiegelt sich die andere Seite des Gotteslobes: Gott wird in den Psalmen als der Herr der Geschichte gelobt; und dazu gehört, daß er das Geschehende wirklich übersieht und das Kommende kundtun kann. Was den Wahrsagern und den Weisen Ägyptens nicht gelingt, das wird dem hebräischen Sklaven möglich, weil der Gott mit ihm ist, vor dem alles Geschehende offenliegt. Und darüber hinaus will unsere Erzählung sagen: Es ist derselbe Gott, der die große, weite Welt übersieht und beherrscht, so daß er dem Pharao in Ägypten zeigen kann, wie eine Hungersnot zu vermeiden ist, und der mit dem unbekannten hebräischen

Sklaven ist und seine Schritte lenkt. Er hat es so gefügt, daß die beiden so verschiedenen Welten sich jetzt begegnen in der Stunde, in der Joseph vor den Pharao tritt.

V. 17–32: Die Deutung der Träume

Bei den Träumen der beiden Beamten ging es nur um die Ankündigung des persönlichen Geschickes dieser beiden; dem entspricht es, daß sie im Ganzen der Erzählung nur die Bedeutung einer Vorbereitung haben; sie begründen, warum der Pharao den hebräischen Sklaven holen läßt, um ihm seine Träume zu deuten. Diese Träume aber sind mehr als bloß Ankündigung; sie zielen auf eine Weisung, auch wenn diese Weisung im Traum selbst nicht enthalten ist, welche dann tief in das geschichtliche Geschehen eingreift. Der Bereich der Geltung und der Bedeutung des Traumes ist also in Kap. 41 gegenüber 40 (und auch 37) stark gesteigert.
Auffällig ist, daß die Träume jedesmal in Paaren auftreten. Es gehört offenbar zur Kunst des Traumdeutens, das Verhältnis der beiden Glieder des Traumpaares zueinander zu bestimmen. Während die scheinbar ähnlichen Träume der beiden Beamten eine entgegengesetzte Deutung fordern, erklärt Joseph zu den beiden Träumen des Pharao: »Es ist ein und derselbe Traum«, beide Träume haben die gleiche Bedeutung. Hinter diesem auffälligen Zug steht offenbar eine ausgebildete Kunst des Traumdeutens, auf die hier angespielt ist.
Eine ganz erstaunliche Wirklichkeitsnähe zeigt sich beim Vergleich der beiden Wiedergaben der Träume des Pharao in V. 1–7 und 17–24. In der Sache stimmen sie überein; die zweite Wiedergabe aber weicht von der ersten bezeichnenderweise darin ab, daß sie die Hauptsache unterstreicht, daß sie eine Reflexion des Träumenden über einen Zug seines Träumens bringt, daß sie ein klein wenig übertreibt. Der Erzählende weiß, daß ein solcher Bericht notwendig beim zweitenmal ein wenig anders herauskommt als das erste Mal; und in welcher Richtung es anders zu werden pflegt, das ist hier meisterhaft gesehen.
Sieht man sich nun Josephs Deutung des Traums genau an, so findet man, wie erstaunlich eingehend und vielseitig sie ist:
25: Deutung der Art des Traums:
    Beide Träume haben den gleichen Sinn;
    der Sinn ist Ankündigung dessen, was Gott tun will.

26–27: Deutung der Komponenten des Traumgeschehens
28: Der Sinn des Traumes (= V. 25)
29–30: Deutung des Traumgeschehens:
  7 Jahre kommen, da wird...
  7 Jahre kommen, da wird...
32: Deutung der Doppelung des Traums.
Es heben sich zwei wesentlich verschiedene Arten des Deutens heraus: In V. 26. 27 werden Einzelzüge gedeutet, und das erinnert deutlich an die allegorische Art des Deutens. In V. 29–30 dagegen wird das Geschehen des Traums in das Geschehen im Bereich wirklicher Geschichte übersetzt, eine grundlegend andere Art des Deutens. Und dabei zeigt es sich nun, daß in V. 29–30 (und V. 32, der dazugehört) die ersten Spuren prophetischer Sprache wahrnehmbar werden. Der Anfang von V. 29 erinnert an die häufig begegnende Einleitung eines Prophetenwortes: »Siehe, Tage kommen, da...« Die Schilderung der Hungerzeit in V. 30 b läßt Parallelismus der Glieder erkennen (ebenso V. 32 b) und erinnert an Unheilsankündigungen in Prophetenworten; zu V. 32 b ist zu vergleichen Jes. 28, 22: »Solches ist fest beschlossen bei Gott«, und Jes. 5, 19: »und eilend wird Gott es ausführen«. – All das zeigt sicher, daß hier eine sehr frühe Verbindung von Traumdeutung und prophetischem Reden vorliegt; in beidem ging es ja um das Ankündigen dessen, was Gott tun wird, und solches Ankündigen gab es offenbar schon, bevor die Prophetie entstand. In dem Zusammenhang ist wichtig, daß die frühe Prophetie in Israel ihre Worte vor allem an die Könige richtete, so wie die im Traum des Pharao enthaltene Ankündigung ein an den König gerichtetes Wort wird.

IV. Zur Darbietung

Die Auslegung hat gezeigt, daß in der Mitte des Abschnitts der Satz V. 16 und hinter diesem Satz Gotteslob steht, das Lob des Gottes, der in seiner Majestät der Herr alles Geschehenden ist und darum zeigen kann, wie der Hungersnot in Ägypten zu wehren ist; das Lob des Gottes, der sich des leidenden Menschen erbarmt und ihn aus der Tiefe zieht (Ps. 113).
Die Aufgabe ist, diese theologische Mitte des Abschnitts in natürlicher und einleuchtender Weise mit allem anderen zu verbinden, was hier

geschieht, bis hin zu der Bedeutung der sieben fetten und der sieben mageren Jahre für die Wirtschaft Ägyptens. Das kann geschehen, indem man den drei Punkten der Auslegung folgt.

1) Die Träume des Pharao sind nach den beiden hier gezeigten Richtungen zu entfalten: die besondere Beziehung zu Gott, die der König einmal in der alten Welt hatte und die auch die Möglichkeit einschloß, daß dem König ein besonderes Gotteswort, sein Königsamt betreffend, offenbart wurde (1. Kön. 3), und die hohe Verantwortung, die einmal der König hatte, sofern das Wohl und Wehe des Landes von seinen Entschlüssen und Handlungen abhing. Wir haben von diesem Text her die Möglichkeit, einmal in einem weiteren Horizont die Bedeutung des Königtums in der alten Welt zu erklären, von der her allein verständlich wird, warum das Königtum auch in der Bibel AT und NT eine so hohe Bedeutung hat und warum der Königstitel (Christos) auch Jesus von Nazareth gegeben wurde.

2) Joseph vor dem Pharao spricht das die Erzählung bestimmende Wort (V. 16). Hier wird es darauf ankommen, das hinter der Erzählung stehende Gotteslob nach seinen beiden Seiten (s. o.) zum Ausdruck zu bringen. Die Erzählung macht es uns hier leicht, diese beiden Seiten des Gotteshandelns in den beiden Gestalten – dem Pharao und dem hebräischen Sklaven – dargestellt zu sehen: Im Stehen des Joseph vor dem Pharao kommt beides zusammen; und wenn hier ein so geringfügiges und belangloses Geschehen wie die freundliche Anteilnahme an zwei Gefangenen zum Anlaß einer in die Geschichte des Großreiches Ägypten eingreifenden Wendung wird, so entspricht eben dieser Kontrast der Weite des Wirkens Gottes, »der in der Höhe thront – der in die Tiefe sieht« (Ps. 113).

3) Die Traumdeutung lenkt nun den Blick auf das Fragen nach dem Wort Gottes und das Fragen nach dem Wirken Gottes, für das es eine unbegrenzte Fülle von Möglichkeiten gibt. Nicht auf die Traumdeutung als solche kommt es dabei an, sondern auf die Fülle der Möglichkeiten des ›Deutens‹, die alle auf der Gewißheit beruhen, die Joseph in V. 16 ausspricht. Hier ist eine gute Möglichkeit, von der Traumdeutung durch Joseph her zu zeigen, wie sehr das Fragen nach Gottes Wort und Gottes

Willen sich in den Epochen wandeln kann, wie es notwendigerweise in den verschiedenen Zeiten verschieden sein muß und wie trotzdem ein Weg von diesen Traumdeutungen durch die weitverzweigte Geschichte des Deutens des Gotteswortes bis in unsere Tage führt.

Fünfte Bibelarbeit:
Josephs Erhöhung und sein Amt in Ägypten
1. Mose 41, 33–57

I. Zum Text

33	jeræ'	3. sg m jussiv q von ra'ā sehen
	nabôn	pt nif von bîn Einsicht haben
	wîšîtehû	3. sg m jussiv q von šît setzen mit waw cons und mit suff 3. sg m
34	w^{e}jăpqed	3. sg m jussiv hif von pqd mit waw cons, hier: zum paqîd (Beamter, Kommissar) machen
	w^{e}ḥimmeš	3. sg m perf pi von ḥamāš den 5. Teil erheben mit waw cons (final)
35	w^{e}jiqb^{e}ṣû	3. pl jussiv q von qabăṣ sammeln mit waw cop
	w^{e}jiṣb^{e}rû	3. pl jussiv q von ṣabăr aufhäufen
36	tikkaret	3. fem sg nif von karăt zugrunde richten
39	hôdî~'	3. m sg perf hif von jadă' wissen, kundtun
40	jiššăq	lies jăqšîb (Köhler): 3. m sg impf hif von qšb aufmerken, hinhören
42	wăjjasăr	3. m sg impf hif von sûr wegnehmen mit waw cons
	wăjjălbeš	dasselbe von labeš anziehen
	ṣăww'arô	Nacken (' ist mater lectionis, zur Unterscheidung von sûr) c suff 3. m sg
43	'ăbrek	ägypt. Ruf zur Huldigung, »Werft euch nieder!« o. ä. (vgl. Vergote a.a.O., S. 135–140)
	natôn	inf abs q von natăn geben
44	bil'adæ̆ka	vgl. V. 16
48	s^{e}bîbotæ̆ha	fem pl von sabîb c suff 3. fem sg um sie her
49	hărbē	inf abs hif von rabā viel sein
50	jullăd	3. m sg perf pu von jalăd gebären
51	năššănî	3. m sg perf pi von našā vergessen (causativ: vergessen machen) c suff 1. sg

52	hifrănî	3. m sg perf hif von parā fruchtbar sein (causativ)
	ʿånjî	ʿanî (Elend) mit suff 1. sg
53	wăttiklæ̆nā	3. fem pl impf q von kalā aufhören mit waw cons
54	wăttᵉḥillænā	3. fem pl impf hif von ḥll anfangen
56	cjᵃ: ʾoṣᵉrôt	st cstr fem pl von ʾôṣar Vorrat
	cjᵇ: wăjjăšber	3. m sg impf hif von šbr II (Getreide) einkaufen mit waw cons; vgl. V. 57 lišbor inf q

II. Aufbau

33–36: Josephs Rat an den Pharao
37–46: Joseph wird als Minister eingesetzt
    37–41: Joseph wird für die Durchführung bestimmt
    42–44: Investitur und Amtseinsetzung
    45–46: Neuer Name und ägyptische Ehefrau
47–57: Joseph in seinem Amt: Abwendung der Hungersnot.

III. Zur Auslegung

Während der erste Teil des Kap. 41 eine deutliche theologische Mitte in V. 16 hat, geht der zweite Teil zu Folgerungen über, die ganz in den weltlich-menschlichen Bereich gehören. Das ist klar gekennzeichnet: Die Weisung, die Joseph in seinem Rat an den Pharao gibt, ist nicht mehr Gotteswort, sondern menschliche Überlegung. Sie gründet sich zwar auf das von Gott durch den Traum Angekündigte, ist aber davon abgehoben als Plan des menschlichen Geistes, der zu eigenem Entwurf aufgefordert ist. Sehr deutlich zeigt sich hier eine Einstellung, die dem menschlichen Planen und dem Rechnen mit den vom Menschen zu verwirklichenden Möglichkeiten eine hohe Bedeutung gibt, ganz entsprechend der geistigen Welt, aus der heraus die Joseph-Erzählung entstand. In der hier folgenden Schilderung müssen wir wieder in erster Linie den Reflex und die Verarbeitung einer geschichtlichen Begegnung sehen: der Begegnung des jungen Volkes Israel – oder einer Gruppe aus ihm – mit dem ägyptischen Großreich, und zwar insbesondere mit den Wirtschaftsformen dieses Reiches. Wenn wir an die Ausgangssituation denken, an die von einer

Hungersnot überfallenen Halbnomaden, die versuchen, in Ägypten Korn zu bekommen, wird klar, einen wie tiefen Eindruck diesen Gruppen die ihnen völlig neue und fremde Form einer Planwirtschaft gemacht haben muß, die ihren augenfälligen Ausdruck in den gewaltigen Kornspeichern hatte, auf die die nach Ägypten Hereinkommenden trafen. Es ist wohl zu beachten: Diese Begegnung ist es, die den geschichtlichen Hintergrund unseres Abschnittes bildet; wir können dann nicht damit rechnen, daß das hier Geschilderte in allem historisch richtig gesehen ist. Daß zu jener Zeit die hier geschilderte Planwirtschaft etwas Neues gewesen sei, trifft nicht zu. Die Staats-Kornspeicher waren schon ein Wahrzeichen Alt-Ägyptens längst vor der Zeit, an die unsere Erzählung denkt. Was für Ägypten längst ein Bestandteil des Lebens des großen Reiches geworden war, eine Funktion, ohne die das Leben dieses komplizierten Organismus schon sehr lange gar nicht mehr denkbar war, die Vorratswirtschaft im großen Stil, das ist für die wandernden Stämme, die es zum erstenmal sahen, etwas staunenswert Großes und Wunderbares. Das Nachdenken über dieses Phänomen spiegelt sich in unserer Erzählung.

Das erste, was in Israel hierzu gedacht und gesagt wird, ist dies: Eine so wunderbare Einrichtung kann nur von Gott kommen. Zwar geht es auf das Planen und Einrichten von Menschen zurück; aber irgendwo muß hinter diesem menschlichen Planen und Einrichten das Wirken Gottes stehen. Und das eben sagt unsere Erzählung: Diese Planwirtschaft steht in einem tiefen Zusammenhang mit dem Planen Gottes, der auch durch diese menschlichen Mittel und menschlichen Entwürfe daran wirkt, »zu erhalten viel Volk«. Es zeigt sich hier einmal, welche Kraft in Israel das Gotteslob hatte. Dieser dem Wirken Gottes an seinem Volk eigentlich so ferne und fremde Vorgang muß doch auf irgendeine Weise in das Wirken Gottes hineingehören, der als der Rettende auch der Erhaltende ist, »der Speise gibt allem Fleisch«. Auch die Vorratswirtschaft in Ägypten muß letztlich zurückgehen auf das lebenbewahrende Handeln Gottes. Und das zeigt sich, so will die Erzählung sagen, gerade dort, wo durch diese Vorratswirtschaft eine Gruppe von Menschen, die zu Gottes Volk gehören, vor dem Hungertod bewahrt wird. Dabei betont die Erzählung aber, daß dies alles mit durchaus natürlichen und rationalen Mitteln geschieht; das rationale Moment in der Vorratswirtschaft wird ja ausdrücklich hervorgehoben. Unsere Erzählung ist dann ein sehr beachtlicher Versuch, vom Glauben Israels her oder genauer: vom Gotteslob Israels her auch solche

Phänomene mit dem Wirken Gottes in Verbindung zu bringen wie die Vorratswirtschaft in Ägypten. Gewiß ist das nur ein tastender und, von uns aus gesehen, naiver Versuch; wichtiger aber ist, daß überhaupt hier das Gotteslob Israels so weit ausgreift. In diesem Versuch war das wache Interesse an den Lebensvorgängen der Umwelt wirksam. Dies ist einer der ganz wenigen Zusammenhänge in der Bibel, in denen bedeutende wirtschaftliche Vorgänge mit dem Gotteshandeln in Verbindung gebracht werden. Eins wird daraus klar, was auch für uns von Bedeutung ist: Wenn hinter diesen wirtschaftlichen Vorgängen ein Wirken Gottes gesehen wird, so schließt das doch keineswegs aus, daß diese wirtschaftlichen Vorgänge in ihrer relativen Eigengesetzlichkeit gesehen werden, innerhalb derer das menschliche Planen und das rationale Entwerfen ihren vollen Raum haben.

Joseph als ägyptischer Minister

Was uns an dieser ganzen Joseph-Erzählung am unwahrscheinlichsten und irgendwie märchenhaft vorkommt, daß nämlich ein hebräischer Sklave (der vorher im Gefängnis saß) vom Pharao in ein derart hohes, verantwortungsvolles Amt eingesetzt wird, gerade das ist historisch durchaus möglich. Gunkel sagt dazu: »Daß kanaanäische Sklaven in Ägypten erste Stellungen bekommen haben, ist Wirklichkeit; die Pharaonen des neuen Reiches wählten ihre Minister aus den Sklaven ihres Hauses, die oft Ausländer waren.« Auch Ägyptologen haben mehrfach gesagt, daß dieser Vorgang nicht unwahrscheinlich ist.

Was Joseph in diese hohe Stellung gebracht hat, ist, vom Pharao her gesehen, seine Weisheit, wie sie sich in seinem Rat zeigte, wie sie aber der Pharao auch in seiner Fähigkeit, den Traum zu deuten, wahrnahm. An dieser Stelle, bei der Erhöhung Josephs, gibt der Erzähler der Weisheit eine eingreifende, eine bestimmende Bedeutung. Ich verweise hier noch einmal auf die Schrift von Rads, der dem Einfluß der Weisheit auf die Josephgeschichte nachgeht. Hier zeigt sich die Hochschätzung der Weisheit am deutlichsten. Dabei ist für unser heutiges Verstehen besonders wichtig, daß wir die durchaus spannungslose Verbundenheit von Gottesfurcht und Weisheit (»die Furcht des Herrn ist der Weisheit Anfang«) sehen, wie sie hier gemeint ist. Gott ist mit Joseph; dieses Mitsein Gottes wird wirksam in der Begabung, Träume zu deuten, wird aber ebenso wirksam in der

Weisheit des Joseph, und das heißt hier in seiner Weltklugheit, speziell seiner politisch-wirtschaftlichen Fähigkeit, einer völlig weltlichen Tüchtigkeit, so wie die Weisheit eines Königs in Israel als Auswirkung des Segens Gottes verstanden wird, diese Weisheit sich aber äußert oder realisiert in innen- und außenpolitischer Tüchtigkeit. Der Zusammenhang der Weisheit mit dem Segen ist dabei so zu verstehen: Segen ist Wachstumskraft. Das durch den Segen bewirkte Wachsen umgreift die körperlichen wie die geistigen Kräfte, und Weisheit ist etwas Gewachsenes, Gereiftes. So gehören also bei Joseph die Begabung für das Traumdeuten und seine Weisheit engstens zusammen: »Nachdem dir Gott dieses alles kundgetan hat, ist niemand so klug und weise wie du« (V. 39). Die Weisheit aber, obwohl sie als Gabe des Segens Gottes verstanden wird, ist als solche nicht an die Grenzen des Gottesvolkes gebunden. Solche Weisheit gibt es überall auf der Welt, und man kann auch in Israel von der Weisheit anderer Völker lernen, wie das die Sammlung der Sprüche zeigt. Wenn also Joseph die von Gott ihm gegebene Weisheit in einem ägyptischen Hofamt anwendet, so entspricht das durchaus den in der Weisheit liegenden Möglichkeiten. Wenn Weisheit vor allem dem König eignet, so ist sie auch ein Element des höfischen Lebens; sie wird ja auch am Königshof besonders gepflegt. Von daher müssen wir es verstehen, daß unser Erzähler keinerlei Schwierigkeit darin sieht, Joseph so weitgehend in das ägyptische Hofzeremoniell hineinzustellen, ihn so sehr zum Ägypter werden zu lassen, daß er sogar einen ägyptischen Namen und eine ägyptische Frau erhält. Natürlich ist das ägyptische Zeremoniell durchsetzt von kultischen Elementen, und eine gewisse Teilnahme an religiös bestimmten feierlichen Handlungen ist gewiß für Joseph unerläßlich. Stärker aber scheint für unseren Erzähler das Leben und Wirken am Hof von der Weisheit bestimmt zu sein, und die Weisheit ist übernational und nicht an eine bestimmte Religion gebunden.

Josephs Familie

Dennoch war dem Erzähler offenbar sehr daran gelegen, seinen Hörern zu sagen, daß Joseph in seinem neuen Amt und in seinem neuen Glanz mit der Geschichte verbunden bleibt, aus der er kam, und mit dem Gott verbunden bleibt, der durch alles hindurch mit ihm war. Er sagt das ganz unauffällig und ganz im Fluß der Erzählung bleibend, indem er, die Genealogien der Vätergeschichte fortsetzend, von Josephs Familie berichtet (V. 50–52):

> »Und Joseph wurden zwei Söhne geboren, ehe das Hungerjahr anbrach, die ihm Asenath, die Tochter Potipheras, des Oberpriesters von On gebar.
> Den Erstgeborenen nannte Joseph Manasse;
> denn Gott hat mich alle meine Not
> und meine ganze Verwandtschaft vergessen lassen.
> Den zweiten aber nannte er Ephraim;
> denn fruchtbar hat mich Gott gemacht im Lande meiner Trübsal.«
> (Übersetzung nach Holzinger)

Die Namen dieser beiden Söhne Josephs sind in der Überlieferung fest verwurzelt; hier knüpft der Erzähler an ihm vorliegende Traditionen an. Die Deutungen, die Joseph hier den Namen seiner beiden Söhne gibt, sind von deren Wortsinn so weit entfernt, daß sie gar nicht eigentlich als Namenserklärungen genommen werden können; der Erzähler will vielmehr in diesen Namensdeutungen sagen, was seine Kinder ihm dort in der Fremde in seiner neuen Lage bedeuten. Beide Namensdeutungen sind Gotteslob. In den beiden Sätzen wird Gott gelobt als Retter aus der Not und als der Segnend-Mehrende. Hört man genau hin, so wird in diesen beiden Sätzen die ganze Geschichte Josephs als ein Wirken Gottes verstanden, über dem Joseph ihn preisen kann. Gott hat ihn alle Not vergessen lassen, über seiner Erhöhung und der großen Verantwortung, in die er ihn jetzt gestellt hat. Wenn hinzugefügt wird: »und meine ganze Verwandtschaft«, so ist das in dem Sinn zu verstehen: das ihm durch seine Verwandtschaft angetane Leid. Während die erste Namensdeutung zurückblickt, sieht die andere in die Zukunft: »Fruchtbar hat mich Gott gemacht im Lande meiner Trübsal«: an dem Ort, an dem er soviel Schweres durchmachen mußte, hat Gott ihm einen neuen Anfang geschenkt in seinen Kindern.

In diesem Bereich seines Lebens also, in seiner Familie, bleibt Joseph unlösbar und so, als sei gar nichts geschehen, mit dem Gott seiner Väter und mit dem Wirken dieses Gottes verbunden; in diesem Bereich bleibt das Gotteslob lebendig, und die Namen der Kinder bringen stillschweigend zum Ausdruck, daß das Wirken des Gottes der Väter den Kindern weitergegeben und durch die Kinder weitergetragen wird.

IV. Zur Darbietung

Als Ausgangspunkt bietet sich die Situation an, in der heute die meisten Christen stehen: Das alltägliche Leben spielt sich in einem Bereich ab, dessen Beziehungen zum Wirken Gottes und zum Gotteswort scheinbar in keinerlei Weise erkennbar oder faßbar sind. Dies ist in unserer Erzählung ähnlich, wenn auch unter ganz anderen Verhältnissen.

Von diesem Ausgangspunkt her kann man das besondere Gebiet beschreiben, um das es in unserer Erzählung geht: die Wirtschaft. Man mag auf den Wirtschaftsteil unserer Tageszeitungen hinweisen und das darin sich zeigende gewaltige und vielgestaltige Eigenleben der Wirtschaft in unserer Zeit; von dem Begriff ›Planwirtschaft‹ her, der hier oft genug vorkommt, sind wir dann unmittelbar bei unserem Text. Um Planwirtschaft geht es in dem Rat Josephs an Pharao.

Wir werden dann besonders über die den Joseph zu seinem Rat und zu seinem Amt befähigende Weisheit nachdenken, die auch als ›Weisheit der Welt‹ als Gabe des Segens, des Mitseins Gottes verstanden werden kann. Wie Joseph in seinem Amt befähigt wird, eine schwere Hungersnot abzuwenden, das ist an der Oberfläche des Geschehens eine kluge und besonnene Wirtschaftspolitik; in der Tiefe hängt es damit zusammen, daß Gott durch diese sehr weltlichen Mittel und durch die Weisheit eines Begabten viele Menschen am Leben erhalten will.

Wie Joseph selbst völlig in seinem Amt an einem heidnischen Königshof stehen und in sehr vielem hier ›mitmachen‹ kann und wie er dabei doch ebenso selbstverständlich an seinem Glauben festhält, das kann, ohne daß dabei viel zu erklären wäre, in unsere heutige Situation hinein sprechen; es kann aber auch zum Nachdenken darüber anregen, wie die Gebiete unseres modernen Lebens, auch wenn sie scheinbar ein absolutes Eigenleben führen, in größerer Tiefe dennoch im Zusammenhang mit dem Ganzen stehen, das in Gottes Hand ist.

Sechste Bibelarbeit:
Erste Reise der Brüder nach Ägypten
1. Mose 42

I. Zum Text

1	tiṭra'û	2. m pl impf hitp von ra'ā sehen
2	r^edû	m pl imp q von jarăd hinabgehen
4	jiqra'ænnû	3. m sg impf q von qarā II begegnen mit suff 3. m sg und nun energ.
	'asôn	tödlicher Unfall (Euphemismus, wörtl.: »Heilung«)
6	šăllîṭ	Machthaber
	wăjjištăḥ^awû	3. m pl impf hitpal mit Metathesis von t und š von šaḥā sich bücken, sich niederwerfen mit waw cons
	'ăppăjim	dual von 'ăp II Nase(nflügel): Gesicht
7	wăjjăkkirem	3. sg impf hif von nkr erkennen mit waw cons und suff 3. m pl; wăjjitnăkker 3. sg impf hitp sich fremd stellen
	qašôt	fem pl von qasǣ hart; im Deutschen neutr. sg
15	tibbaḥenû	2. m pl impf nif von baḥăn auf die Probe stellen in pausa; V. 16 jibbaḥ^anû 3. m pl impf nif
16	he'ăs^erû	m pl imp nif von 'asăr fesseln
20	je'am^enû	3. m pl impf nif von 'mn sich als zuverlässig erweisen
21	'^abal	sicherlich
	'^ašemîm	m pl von 'ašem schuldig, schuldbeladen, -verfallen
23	hămmelîṣ	pt von lîṣ das Wort führen, mit Art. Dolmetsch
24	wăjjissob	3. m sg impf q von sabăb sich umdrehen mit waw cons
	wăjjebk	3. m sg impf q von bakā weinen mit waw cons (darum verkürzte Form)
25	wăj^eṣăw	3. m sg impf pi von ṣiwwā befehlen mit waw cons
28	hûšăb	3. m sg perf hof von šûb wiederkehren
29	hăqqorot	fem pl pt q von qarā II begegnen mit Art. (im Deutschen neutr sg)

33   hănnîhû m pl imp hif von nûᵊḥ ruhen, bleiben lassen
36   šikkæltæm 2. m pl perf pi von škl kinderlos werden (causativ)

II. Aufbau

I. 1–6a: Abreise der Brüder
   1b: Aufforderung des Vaters
   3: Die Brüder reisen ohne Benjamin ab
   6a: Verbindungsstück: Joseph verkauft in Ägypten Getreide
II. 6b–26: Die Begegnung in Ägypten
   Das Erkennen
      6b: Die Brüder werfen sich vor Joseph nieder
      8–9a: Joseph erkennt sie und denkt an die Träume
   Die Anklage
      9b: Kundschafter seid ihr!
      11b. 13: Verteidigung
      14–16: Forderung der Legitimierung
   Das Gefängnis
      17: Drei Tage ins Gefängnis
      18–20: Einer soll dableiben
   Das Erkennen
      21: Das Erkennen: Jetzt müssen wir es büßen!
      22: Ruben: Ich habe es gesagt!
      23–24a: Joseph weint – und bindet Simeon
   Die Abreise
      25: Rückgabe des Geldes und Zehrung für den Weg
      26: Abreise
III. 29–37: Heimkehr der Brüder
   29: Ankunft und Bericht
   30–34: Wiedergabe des Geschehenen
   35: Sie finden das Geld in den Säcken
   36: Klage des Vaters
   37: Bürgschaft des Ruben.

III. Zur Auslegung

In Kap. 42 sind sowohl die äußere wie die innere Linie des Erzählens, das vom Beginn bis in diese Stunde geführt hat, miteinander verknüpft. Am Anfang kehrt die Erzählung wieder zur Familie des Jakob zurück, und durch das ganze Kapitel hindurch spielt der Kontrast zwischen den zwei verschiedenen Geschehenskreisen mit: der Familie Jakobs und dem ägyptischen Minister in seinem Machtbereich. Damit ist die innere Linie verbunden: Das mit dem Vergehen an ihrem Bruder zu Anfang nur scheinbar abgeschlossene Geschehen wird wieder Gegenwart. Das ist in Kap. 42 in dem zweifachen Erkennen zum Ausdruck gebracht: Joseph erkennt seine Brüder wieder; diese erkennen ihn zwar nicht, wohl aber erkennen sie in dem, was ihnen geschieht, daß das Vergehen an ihrem Bruder wieder Gegenwart ist: »Jetzt müssen wir es büßen...!« Dieses wechselseitige, aber verschiedenartige ›Erkennen‹ bestimmt diesen ganzen Abschnitt der Erzählung. Darin weist der Erzähler, ohne daß das ausgesprochen werden muß, auf den, der in diesem zweifachen Sinn die Brüder wieder zusammenführt.

I. V. 1–6a: Abreise der Brüder

Der neue Akt des Geschehens wird durch eine Hungersnot in Bewegung gesetzt. Es ist eines der wichtigsten Motive in der Väterzeit (vgl. Gen. 12) im Leben der Halbnomaden. Hier war der Ernstfall, hier ging es um Leben und Tod. Eine Möglichkeit war, in einem der großen Kulturländer Getreide einzukaufen; aber unsere Erzählung zeigt, daß diese Möglichkeit mit dem höchsten Risiko verbunden war; der Versuch konnte oft die Freiheit oder das Leben kosten. Darum muß der Vater die Brüder antreiben; sie wissen, was ihrer warten kann. Gleich zu Anfang zeigt sich die Ähnlichkeit mit der Ausgangssituation: Wieder stehen einander gegenüber der Vater – die Brüder – der jüngste Bruder, Benjamin, den sein Vater nicht mitziehen läßt. Wieder ruht in dieser Ausgangssituation der Keim zu einem Konflikt, der sich dann entfaltet.

II. V. 6b–26: Die Begegnung in Ägypten

V. 6b. 8. 9a: »...und warfen sich vor ihm nieder, mit dem Gesicht zur Erde«: Es ist die allererste Bewegung, die erste Geste der Begegnung, die zeigt, was der Getreidekauf in Ägypten für die Brüder bedeutet. Sie kommen ja keineswegs als Käufer im gewöhnlichen Sinn. Sie treten vielmehr mit ihrem Anliegen in den Machtbereich einer fremden Welt, dessen Mächtigen sie ausgeliefert sind. Es ist die Gebärde der Unterwerfung, das den freien Beduinen verhaßte Sich-Hinwerfen vor dem Mächtigen, das vor der Bitte um Brot steht. Hier ist ein Zug des menschlichen Miteinanderseins in einfachem Erzählen ausgesagt, der bis zum heutigen Tag in irgendeiner Gestalt immer wiederkehrt: daß sich Menschen um des Brotes, um der Nahrung willen vor anderen Menschen beugen müssen, die über das Brot verfügen, das Hungernde vom Tod retten kann. Die Gebärde des Sich-Niederwerfens sagt dabei besser, als Worte es könnten, welche Möglichkeit in der Spannung zwischen den über das Brot verfügenden Mächtigen und den hungernden Ohnmächtigen ruht.

Da hinein aber trifft nun ein ganz anderer Geschehensbogen: Dieser Mächtige ist der Bruder. Für ihn geht in dem Sich-Niederwerfen der Brüder eine völlig andere Geschichte weiter, eine Geschichte, die im Haus des Vaters begonnen hatte, als der kleine seinen großen Brüdern seine Träume erzählte: »...und Joseph gedachte der Träume...« Wie werden diese beiden, so ganz verschiedenen Geschehenskreise einander begegnen, sich durchdringen, zum Ausgleich kommen?

V. 9b–13: Der Traum ist in Erfüllung gegangen. Die Brüder liegen vor Joseph auf der Erde, sie sind ihm ausgeliefert. Er hätte jetzt die Möglichkeit, an ihnen Vergeltung zu üben. Das Folgende aber ist nur so zu verstehen, daß Joseph in dem Augenblick, als er seine Brüder erkannte, entschlossen war, den Bruch einer Heilung entgegenzuführen. Das kann aber nicht anders geschehen als so, daß die Brüder zunächst ihrerseits zum ›Erkennen‹ gebracht werden müssen. Dem dient es, daß Joseph sie die ganze Härte des Ausgeliefertseins an den Mächtigen durchleben läßt. Der Erzähler will sagen: Ein Verzeihen an dieser Stelle, unmittelbar nach der Ankunft der Brüder, hätte nicht zu einer wirklichen Lösung führen können. Dazu ist das, was geschah, zu ernst. So geht denn für die Brüder nur die eine Seite des Geschehens weiter: Sie sind dem Mächtigen ausgeliefert. Und sofort fällt auch schon der Schlag: Die Brüder werden der Spionage angeklagt. Hinter diesem Zug steht wieder eine Erfahrung aus der frühen Zeit. Da geschah es oft, daß eine kleine Gruppe fremdes Gebiet betrat, aus mancherlei Gründen, und niemand scherte sich darum. Dann aber machte man die neue Erfahrung der geschlossenen Staatsgrenze, deren Übertreten die Freiheit oder das Leben kosten konnte. In der Beschuldigung der Spionage kommt solche Grenzüberschreitung auf die Spitze; der harmlos das Gebiet Durchziehende wird beschuldigt, in feindlicher Absicht zu spionieren. Es sind die ersten Erfahrungen tödlicher Bedrohung durch die Grenzen, die zwischen den Staaten der Seßhaften aufgerichtet werden.

Die Brüder wissen wohl, daß sie dieser Beschuldigung einfach ausgeliefert sind; wie sollen sie beweisen, daß sie keine Spione sind? Sie sagen das einzige, was hier tatsächlich beweisen würde, daß sie keine Spione sind – wenn es geglaubt wird. Uns scheint diese Verteidigung in V. 13: »Unser zwölf sind deine Knechte, Brüder sind wir, Söhne eines Mannes...«, nicht recht sinnvoll; in der Situation aber ist es das einzige ihnen bleibende Argument. Sie sagen damit nämlich, daß sie einem Familienverband angehören und keinem politischen. Eine feindliche Aktion gegen Ägypten durch einen Familienverband wäre unsinnig. Das Argument der Brüder zeigt, daß es in unserer Erzählung um wirkliche Erfahrungen der Begegnung des Familienverbandes mit politischen Mächten geht.

V. 14–17: Ihre Behauptung: »harmlose Leute sind wir«, nützt ihnen wenig. Der fremde Mächtige hält seine Beschuldigung aufrecht. Wenn er dennoch auf ihre Verteidigung eingeht und den Beweis für die Angaben des Familienstandes in Gestalt des jüngsten Bruders verlangt, so ist das schon ein Einlenken zur Weiterführung des Geschehens, von dem aber die Brüder noch nichts ahnen können. Was sie zunächst erfahren, ist nur die nackte Gewalt. Zum drittenmal wird die Anklage gegen sie erhoben, und sie werden ins Gefängnis geworfen.

V. 18–20: Was die Brüder jetzt durchmachen, ist eine typische Erfahrung der Übermacht durch den Ohnmächtigen bis in unsere Zeit. Die Brüder haben drei Tage im Gefängnis gelegen, ungewiß, was mit ihnen geschehen würde. Nach drei Tagen erhalten sie einen neuen Strafbefehl. Er ist ein weiterer Schritt zu ihrer Befreiung, und so wird es ihnen ausdrücklich gesagt: »Also tut, so werdet ihr leben!« Sie werden aber dadurch nur in tiefere Verzweiflung gestürzt; denn die sich ändernden Strafbefehle zeigen ihnen nur ihr Verlorensein. Der Mächtige kann in einer Stunde wieder anders bestimmen und etwa aufkeimende Hoffnung zerschlagen. So wird der Wille der Ohnmächtigen zermürbt. Wenn der Mächtige die Erleichterung der Strafe begründet: »Ich fürchte Gott«, so können die Brüder daraus nur hören, daß es der Gott des Mächtigen ist, der ihm hilft, die Ohnmächtigen in den Staub zu treten. Viel später erst werden sie verstehen, daß Joseph hier dennoch auf den Gott weist, der ihnen Rettung bringen wird.

V. 21–22: Die Feinheiten dieser Erzählung können wir wohl kaum alle nachspüren. Hier liegt sie in der allmählichen Hinführung zur Wendung. In V. 16 war den Brüdern gesagt worden: »Schickt einen von euch, daß er euren Bruder hole!«; in V. 19: »einer von euch Brüdern soll im Gefängnis gebunden bleiben«. Damit ist den Brüdern unausweichlich der Anfang des Ganzen wieder vor Augen gestellt: die frei ausgehenden Brüder – der eine Bruder, der ins Leid gestoßen ist – und der Vater zu Hause. Darum bricht an dieser Stelle die Erkenntnis durch:

»Und sie sprachen einer zum andern:
Wahrhaftig, wir sind schuld wegen unseres Bruders.
Wir haben die Angst seines Herzens gesehen, als er uns anflehte, und wir haben nicht gehört.
Deswegen ist diese Angst über uns gekommen.«

Hier ist einmal klar und einfach erzählt, was in der Bibel Umkehr heißt. Sie vollzieht sich nicht in einem abseitigen Raum frommer Reflexion, sondern da, wo einer sich der ihm begegnenden Wirklichkeit stellt. Das geschieht hier. Daß die Brüder jetzt in Todesangst, in tödlicher Angst sind, das war im vorangehenden Wort Josephs schon deutlich genug gespiegelt in dem oben zitierten und dem weiteren Satz: »daß ihr nicht zu sterben braucht«. Hier sprechen es die Brüder selber aus. Sie geben dieser ihrer Angst damit einen Sinn, daß sie sie in Verbindung bringen mit der Angst, der Todesangst, in die sie selbst einmal ihren Bruder gebracht haben. Dieselbe Erbarmungslosigkeit, die sie jetzt zermürbt, die haben sie selbst einmal gezeigt – ihrem Bruder gegenüber. Daraus erwächst die Erkenntnis: »Wahrhaftig, wir sind schuld wegen unseres Bruders.«

Das Bekenntnis der Schuld hat eine befreiende Wirkung, und es eröffnet neue Möglichkeiten: Das ist der Sinn des aus eigener, freier Erkenntnis kommenden Schuldbekenntnisses. An der Lage der Brüder ist durch dieses Schuldbekenntnis zunächst gar nichts geändert. Etwas aber ist anders geworden. Was sie in die tödliche Angst trieb und in ihr festhielt, war die unheimliche, jenseits aller Gerechtigkeit stehende Übermacht, die sie bedrohte wie ein Ungeheuer, das auf Beute aus ist. Jetzt haben sie in dieser Angst, in diesem sie tödlich Bedrohenden einen Sinn gefunden. Es ist jetzt nicht mehr nur der mächtige Ägypter, der das mächtige Ägypten verkörpert; die große Macht ist jetzt nur noch Werkzeug; dahinter steht der, der an ihnen ihre eigene Tat heimsucht.

V. 23–24: Joseph hat das Gespräch der Brüder gehört, er muß weinen. Dieses Weinen bezeugt: Nun ist etwas in Bewegung gekommen, nun ist etwas gewandelt! Seine Rührung aber hindert ihn nicht, weiter gegen die Brüder hart zu sein und den Geschehensgang weiterzuführen, der die Brüder zu ihrer Erkenntnis gebracht hat. Sie müssen nun durchstehen, was ihre Schuld in Bewegung brachte. Simeon wird vor den Augen der anderen gebunden, und die anderen wissen, daß sie wieder dem Vater den Verlust eines Sohnes künden müssen.

V. 25–26: Der Befehl Josephs zeigt das gleiche Ineinander von Strafe und Begnadigung wie sein bisheriges Handeln. Die Erzählung zeigt, wie sein Handeln von Schritt zu Schritt diese Spannung zur vergebenden Lösung hinführt. Trotz der Schatten, die über diesem Heimweg liegen, bringen die Brüder doch das Korn mit, das Korn, mit dem sie selbst, die Frauen und die Kinder vor dem Hungertod gerettet werden können: »...am Leben zu erhalten viel Volk« (50, 20).

III. V. 29–37: Heimkehr der Brüder

Dieser dritte Teil hat seine Spitze in der Klage des Vaters V. 36:
 »Und ihr Vater Jakob sprach zu ihnen:
 Ihr habt mich kinderlos gemacht!
 Joseph – er ist nicht mehr.
 Simeon – er ist nicht mehr.
 Und Benjamin nehmt ihr.
 Das alles ist über mich gekommen!«

Um diese Klage zu verstehen, muß man sehen, daß in ihr ein altes Motiv der Vätergeschichten durch die moderne Gestalt der Joseph-Erzählung durchbricht und hier in genau dem gleichen Sinn begegnet, wie es in der Abraham-Geschichte stehen könnte. Es ist der bittere Schmerz des Vaters, der seine Kinder verloren hat oder zu verlieren im Begriff ist, der diese Worte geprägt hat. Es ist die ganz alte Auffassung, daß ein Mann in seinen Kindern weiterlebt, und wenn ein Kind vor ihm stirbt, dann ist das wie eine tödliche Wunde für ihn selbst. Alle Komplikationen des Geschehens, die die Begegnung mit Ägypten gebracht hat, sind hier weit weg. Hier ist nichts als die elementare Trauer des Vaters. Erzählerisch ist damit erreicht, daß wir mit diesem Satz wieder ganz in der Atmosphäre von Kap. 37 sind, wo die Erzählung noch allein im Kreis der Familie lebte. Vor diesem Hintergrund müssen wir auch den letzten Vers hören. Ruben leistet Bürgschaft für den Sohn, der noch in Ägypten ist, und für den, der noch nach Ägypten kommen soll: »Vertraue ihn mir an, ich will ihn dir wiederbringen!« – Mit dieser Bürgschaft des Ruben will der Erzähler zum Ausdruck bringen, daß sich wirklich etwas gewandelt hat. Die Erkenntnis der Brüder hat ihre Frucht getragen. Es ist auch im Verhältnis zum Vater etwas anders geworden. Das Bekenntnis der Schuld hat wirklich befreiend gewirkt. Die Trauer des Vaters findet einen Widerhall; die dem Vater verlorenen Kinder sind jetzt auch den Brüdern wichtiger als das, was ihnen selbst zusteht. Es ist etwas anders geworden.

IV. Zur Darbietung

An diesem Text kann man Menschen unserer Tage, die im Grunde ihres Herzens mit dem Glauben an Gott nichts mehr anfangen können, etwas Wesentliches vom Wirken Gottes erklären.
Wir setzen mit der Klage des Vaters am Schluß ein. Sie ist jedem Menschen verständlich; jeder kann solche Worte hören oder selber sprechen. An der Trauer eines Vaters oder einer Mutter, die ein Kind oder mehrere Kinder verloren haben, ist in den Jahrtausenden nichts anders geworden. Gleichgeblieben ist auch, wie schwer und manchmal ganz unmöglich es ist, in solche Trauer hinein ein Wort wirksamen Trostes zu sprechen. Auch das ist jedem verständlich. – Nun vergleichen wir die Schilderung der Trauer des Vaters in Kap. 37, 34f. und in Kap. 42. In der Trauer des Vaters ist zwischen beiden Stellen kein Unterschied, wohl aber in der Reaktion seiner Söhne auf diese Trauer. Auch in Kap. 37 wollen ihn seine Söhne trösten, aber die Haltung der Söhne zum Vater ist in Kap. 42 eine grundandere als in Kap. 37. Es ist etwas anders geworden.
Der Wendepunkt ist das Erkennen in V. 21. Wie ist es dazu gekommen? Es ist zur Begegnung von zwei Linien gekommen, die beide das Leben der Brüder bestimmt haben. Die Brüder haben eine Schuld auf sich geladen;

dann haben sie weitergelebt, als sei nichts geschehen, und das war auch möglich, es ging alles seinen normalen Gang. Das Vergehen konnte verborgen werden, das Leben ging weiter. Dann aber traten im äußeren Gang ihres Lebens Ereignisse ein, in denen Mächtiges wirksam wurde, über das sie nicht verfügten. Erst die Hungersnot, dann die Willkür des Mächtigen, den sie um Brot bitten mußten. Diese Ereignisse führten sie wieder zu der anderen, vorher abgebrochenen Linie zurück. Unter dem Eindruck dessen, was ihnen geschah, sahen sie auf jenen Punkt zurück und verstanden jetzt erst wirklich, was sie damals getan hatten. Diese Erkenntnis half ihnen zwar zunächst überhaupt nichts, sie änderte nichts an ihrer Lage. Etwas aber wurde anders: Sie fanden einen Zusammenhang und damit einen Sinn in ihrem Leben (Umkehr).
Es wird dabei gar nicht von Gott gesprochen. Aber der Erzähler dieser Geschichte will etwas vom Wirken Gottes sagen: Es trifft darin auf unser Dasein auf, daß wir an irgendeiner Stelle einen Zusammenhang und einen Sinn in unserem Leben erkennen. Hier ist dieser Punkt das Schuldbekenntnis. Es hat eine befreiende Wirkung. Es befreit die Brüder von der dumpfen Schwere eines sinnlosen Schicksals, das sie in der Gestalt der fremden Macht überfallen hat. Sie sehen jetzt einen Sinn darin, weil sie einen Zusammenhang mit einer anderen Linie in ihrem Leben finden.
Dieser neue Sinn, der damit in ihr Dasein gekommen ist, sieht nicht nur rückwärts, er sieht auch nach vorn; es eröffnen sich dadurch für sie neue Möglichkeiten. Das ist angedeutet in dem Wort Rubens am Schluß (V. 37). Ruben versteht jetzt auch die Trauer des Vaters anders; das zeigen seine Worte, die nicht mehr bloß ›Beileid‹, sondern Angebot des Hingebens sind. Es ist wirklich etwas anders geworden. Und darin wird das stille Wirken Gottes bezeugt.

Siebte Bibelarbeit:

Zweite Reise der Brüder nach Ägypten

1. Mose 43

I. Zum Text

3	haᶜed heᶜid	inf abs und 3. m sg perf hif von ʿûd warnen (wörtl.: wiederholt sagen) mit bᵉ
	biltî	Negation; hier: außer wenn
4	jæšᵉka	ješ = Dasein mit suff 2. m sg »wenn du bist« (Gegensatz V. 5 ʾênᵉka)
	nerᵉdā	1. pl cohortativ q von jarăd hinabsteigen (V. 5: impf nered)
6	haᵉreʿotæm	2. pl pf hif von rʿʿ(q: schlecht sein) verwerflich handeln, Schlimmes antun
7	môlădtenû	môlædæt Verwandtschaft c suff 1. pl
	wănnăggæd	1. pl impf hif von ngd erzählen mit waw cons, verkürzte Form
	hᵃjadô~ʿ nedăʿ	h interrogativum, inf abs q und 1. pl impf q von jadăʿ wissen
8	ṭăppenû	ṭăp (hier Sammelbegriff für Frauen und Kinder: »Familie«) c suff 1. pl
9	hᵃbîʾotîw	1. sg perf hif von bôʾ kommen c suff 3. m sg; V. 16 habeʾ inf hif; V. 18 hûbᵉʾû 3. pl pf hof; mubaʾîm m pl pt hof; V. 32 ʾᵃbîænnû 1. sg impf hif c suff 3. m sg
	hiṣṣăgtîw	dieselbe Form von jṣg hif vorführen
10	lûleʾ	wenn nicht
	hitmăhmahnû	1. pl perf hitpalpel von mhh zögern in pausa
	šăbnû	1. pl perf q von šûb, hier: wieder (dort: z͞æ) hingehen; vgl. V. 13 šûbû pl imp q; V. 21 wănnašæb 1. pl impf hif wiederbringen mit waw cons
16	ṭᵉbo~ḥ	m sg imp von ṭabăḥ schlachten (ṭæbăḥ Schlachtung)
	haken	m sg imp hif von kûn (fest-)stehen, zurichten

18   hitgolel   inf hitpoel von galāl rollen, wälzen
           hitnăppel inf hitp von napăl fallen
           laqāḥāt   finales l^e und inf q von laqāḥ nehmen
28   wăjjiqq^{e}dû 3. m pl impf q von qadād sich neigen, knien mit waw cons (immer Vorstufe zur Proskynese)
31   wăjjit'ăppăq 3. m sg impf hif von 'pq sich zusammennehmen; vgl. 45, 1 hit'ăppeq inf hitp

II. Aufbau

I. 1–14: Der Reisebeschluß
    1: Ausgangspunkt: die Hungersnot
    2: Aufforderung des Vaters (Bedingung: ohne Benjamin, 42, 38)
    3–10: Bitte der Brüder um das Mitlassen Benjamins
    11–14: Zustimmung des Vaters und Abschied
II. 15–34: Die Begegnung in Josephs Haus
    15: Aufbruch und Ankunft
    16–25: Der Empfang in Josephs Haus
    16–17: Freundliche Aufnahme
    18–23: Angst und Beruhigung
    24–25: Vorbereitung
    26–34: Begrüßung und gemeinsames Mahl.

III. Zur Auslegung

In diesem Kapitel, das mit Kap. 44 zusammengehört, beschränke ich mich auf einen Bestandteil: die Grüße. Die hohe Bedeutung, die der Gruß im gemeinsamen Leben im Alten Testament hat, kann in diesem Kapitel besonders reich entfaltet studiert werden. Der Gruß ist hier nicht Formel, und schon gar nicht Formel der Höflichkeit, sondern ein nicht wegzudenkender Bestandteil des Miteinanderseins der Menschen. Es kann sehr viel im Gruß zum Ausdruck kommen; die Erzähler erweisen ihre Kunst darin, wesentliche Momente des Geschehens in den Grüßen darzustellen, wie wir das schon mehrfach beobachtet haben. Voraussetzung dafür ist nicht nur, daß jeder Gruß in seinem Wortlaut ernst genommen wird, sondern auch, daß zu jedem wirklichen Gruß Wort und Geste gehören und in der Geste des Grußes etwas für den Ablauf der Handlung Wichtiges vor sich gehen kann.

I. V. 1-14: Der Reisebeschluß

In der Mitte des Gesprächs, in dem die Brüder darum bitten, daß der Vater Benjamin mitziehen läßt, fragt der Vater: »Warum habt ihr mir das Leid angetan, dem Manne zu verraten, daß ihr noch einen Bruder habt?« Und die Brüder antworten: »Der Mann hat sich genau nach uns und unserer Familie erkundigt und hat gefragt: Ist euer Vater noch am Leben? Habt ihr noch einen Bruder?« Das sind die Worte einer ganz persönlichen, teilnehmenden Erkundigung (vgl. zu 40, 7!). Jetzt aber müssen die Brüder in diesen Fragen eine Falle sehen; in die freundliche Erkundigung drang die Vernehmung von Verdächtigen ein. Es ist eine der erschreckenden Erfahrungen der Begegnung mit der Macht, daß die einfachen und freundlichen Worte der Begegnung zu einer Waffe werden, die sich gegen den richtet, der sie wohlmeinend und gutwillig sagte.

V. 14: »Und Gott lasse euch Gnade finden vor dem Mann...« Dieser Abschiedswunsch des Vaters ist keine fromme Phrase. Er gab seinen Söhnen in diesem Wunsch etwas mit, was für den Ausgang der Reise von hoher Bedeutung war. Die Brüder mußten mit Schrecken und vielleicht mit ohnmächtiger Wut an den Mann denken, der sie falsch beschuldigt und ins Gefängnis geworfen hatte, der ihren Bruder jetzt noch in Fesseln hielt. Der Vater gibt ihnen in seinem Abschiedswunsch etwas mit, was die Haltung der Brüder bei der neuen Begegnung wesentlich beeinflussen kann: Sie hören in ihm, daß auch der fremde Mächtige unter Gott ist und daß Gott es vermag, ihn freundlich zu machen. Man darf dabei nicht vergessen, daß im Denken dieser Menschen Gott die wirklichste Wirklichkeit ist. Wenn der Vater diesen Wunsch den Söhnen auf den Weg mitgibt, dann geht die Möglichkeit mit ihnen, daß Gott es schaffen kann, daß der Mann den Bruder losläßt.

II. V. 15–34: Die Begegnung in Josephs Haus

V. 16–26: Der Empfang gehört zu den Umgangsformen, die für das Verkehren der Menschen miteinander und ihr Verhältnis zueinander viel bedeuten. In unserem Text können wir erwarten, daß jedes Wort und jede Geste beim Empfang eine wohlüberlegte, der Erzählung eingepaßte Bedeutung haben. Es soll zunächst der Unterschied gezeichnet werden: Beim ersten Empfang beschränkte sich der ganze Vorgang auf das, was hier im letzten Satz gesagt ist; die Brüder fallen vor dem fremden Herrn nieder. Hier aber ist es der Abschluß eines langen Zeremoniells, das trotz aller Bedrohlichkeit eine Annäherung zeigt. Der Vorgang hat zwei Akte: den ersten vor dem Haushalter, den zweiten vor Joseph selbst; diese Zweiteilung stellt die Differenzierung dar, der Mächtige hat einen Repräsentanten. Diese Beobachtung wird für die Erzählung nutzbar gemacht: Den Brüdern fällt es offenbar leichter, vor dem Repräsentanten, dem Stellvertreter, vorzubringen, was ihnen auf dem Herzen liegt. So ist in den Empfang durch den Hausmeister, V. 17. 24. 25, das Vorbringen des Anliegens der Brüder in V. 18–23 eingefaßt. Die Brüder fürchten sich – die ohnmächtige Angst vor der unberechenbaren Bedrohung durch den Mächtigen ist darin – (V. 18) und bringen vor den Vertreter des Mächtigen ihre Unschuldsbeteuerungen (V. 19–22). Dieser aber nimmt ihnen die Furcht; er beruhigt sie mit den Worten:

»Friede euch! Fürchtet euch nicht!
Euer Gott und eures Vaters Gott
hat euch heimlich einen Schatz in eure Getreidesäcke gelegt.
Euer Geld ist mir zugekommen.«

Eine besondere Feinheit liegt darin, daß diese Antwort des Haushalters auf die besorgte Frage der Brüder ein Grußwort ist, das sich dem Empfang einfügt. Der Gruß hat zwei Teile; das šalôm lakæm ist die übliche Form des Grußes bei der Begegnung oder beim Empfang von Gästen. Seine Bedeutung ist das reale Aufnehmen der Ankommenden in den Bereich des ›Friedens‹, der Sicherheit. Aber auch das »Fürchtet euch nicht!« kann ein Gruß sein; bei einer Erscheinung nämlich, die den, der sie empfängt, in Schrecken setzt. Gleichzeitig aber ist der Ruf »Fürchte dich nicht!« Heilszusage (die wir besonders aus der Verkündigung Deuterojesajas kennen), die dem Bedrohten und Geängsteten die Furcht nehmen will. Sie hat – wie bei Dtjes – eine perfektische Begründung bei sich, die sagt, daß etwas geschehen ist, was den Grund zur Furcht beseitigt hat: Gott hat gehandelt (wiederum wie bei Dtjes!). Diesen Satz: »Gott hat euch einen Schatz in eure Getreidesäcke gelegt«, darf man nicht etwa im Sinn eines märchenhaften Wundermotivs verstehen; das würde in die Atmosphäre der Joseph-Erzählung überhaupt nicht hineinpassen. Der Haushalter weiß ganz genau, wer das Geld in die Säcke getan hat, und will den Brüdern, die es auch wissen, nichts vormachen. Der Erzähler will sagen, daß eben darin Gott am Werk war, »euer Gott und der Gott eures Vaters«; was euer Gott an eurer Familie tut, das geht auch darin weiter, daß ihr euer Geld wiederfandet! Dies alles brauchen die Brüder jetzt noch nicht zu verstehen; es ist genug, daß aus dem Mund des Fremden der Hinweis auf den in alledem Wirkenden kommt.

Was dann in V. 24f. erzählt wird, ist die Realisierung des Friedens, in den sie vom Haushalter aufgenommen wurden: Sie können nun in die Kühle des Hauses treten, sie können ihre Füße waschen und den Eseln Futter geben. Denn das ist hier unter Frieden verstanden, und darin hat der Haushalter die Brüder in seinem Gruß des Empfangs aufgenommen: die einfache Geborgenheit in vier Wänden, das Aufatmen und Ausruhen, die Reinigung und Erquickung. Und daß die Tiere ihr Futter bekommen, gehört ebenso zu diesem Frieden hinzu, wie in 37, 14 Joseph sich nach dem šalôm, d. h. dem Ergehen der Brüder wie der Herden erkundigen soll.

V. 26–34: Zum Niederwerfen vor Joseph treten in V. 26 die Geschenke hinzu. Das bloße Niederwerfen (wie beim ersten Kommen der Brüder) bedeutet Unterwerfung; das Niederwerfen mit dem Überreichen von Geschenken zusammen ist Huldigung. Wir werden unmittelbar an die Weisen aus dem Morgenland vor der Krippe erinnert (Mt. 2, 11). Man muß sich hier klarmachen: Die Brüder kommen aus einer Hungersnot und bitten um Brot, das ihre Familien vor dem Hungertod retten soll. Dennoch treten sie hier vor den, den sie um Brot bitten, mit einem Geschenk! Das Geschenk hat im Alten Testament einen stärker gemeinschaftsbezogenen als materiellen Charakter. Es kann auch berakā = Segen heißen. Das Überreichen eines Geschenks kann eine Weise des Segens sein; Huldigen und Segnen sind einander sehr nahe.

Die nun folgende Begrüßung der Brüder durch Joseph gehört zu den schönsten Szenen der ganzen Erzählung. Ihr Leitwort ist šalôm, der Eingangssatz: »Er fragte sie nach dem Frieden = er erkundigte sich nach ihrem Ergehen.« Dieses Sich-Erkundigen ist hier nicht etwas zum Gruß

Hinzukommendes, sondern ist selbst eine Weise des Begrüßens: Im Erkundigen, das vor allem nach den nahen Angehörigen fragt, schließt der Begrüßende, der von den Ankommenden getrennt war, den Kreis zu ihnen hin; das Erkundigen ist ein Kontaktschluß. In dieses allgemeine Grußmotiv schließt hier der Erzähler das besondere, brennende Interesse des Joseph für seine Familie ein: »Geht es eurem alten Vater gut, von dem ihr gesprochen habt, lebt er noch?« Auch dies ist eine Erkundigung nach dem šalôm; wörtlich heißt der Satz: Hat euer Vater šalôm? – Nach der bejahenden Antwort der Brüder folgt die bewegende Frage nach dem jüngsten Bruder, den er vor sich sieht, und der besondere Gruß, den er an ihn richtet: »Gott neige sich dir zu, mein Sohn!« Er gebraucht das gleiche Wort, das wir aus dem Segen Num 6, 25 kennen: »Es lasse leuchten Jahwe sein Angesicht über dir und sei dir gnädig!« In einem Gruß begegnet das Verb sonst im Alten Testament nicht; es ist ein besonderer Gruß.
Worum es in der Joseph-Erzählung geht, das Zerbrechen und die Heilung einer Gemeinschaft, kommt in dieser kleinen Szene zu einem besonders starken und klaren Ausdruck. Wenn Joseph an dieser Stelle von seiner Bewegung übermannt wird und schnell hinausgehen muß, damit es die Brüder nicht merken, dann weist diese Bewegung deutlicher als viele Worte auf das, worum es geht, das Heilsein einer Gemeinschaft und was sie für die bedeutet, die ihr angehören.
Im engsten Zusammenhang damit steht auch das gemeinsame Mahl, das nun folgt, V. 32–34. Die Mahlzeit hat im Alten und Neuen Testament eine hohe Bedeutung; sie dient in gleicher Weise und im gleichen Maße dem Stillen des Hungers und dem ›Erbauen‹ einer Gemeinschaft; das bloße Stillen des Hungers wäre in der Bibel keine Mahlzeit. Man braucht nur an die Mahlzeiten Jesu und seiner Jünger zu erinnern, deren letzte dies besonders zeigt. Die Mahlzeit ist nicht nur Ausdruck einer Gemeinschaft, sondern sie bewirkt und erhält die Gemeinschaft. Die Aufnahme eines Gastes in die Tischgemeinschaft ist daher zugleich Gewährung eines Anteils am eigenen Dasein. Auf die Einzelheiten der auch hier sehr lebendigen Schilderung braucht nicht eingegangen zu werden; nur ist auf die Absicht des Schlusses noch hinzuweisen: »Sodann tranken sie mit ihm und wurden guter Dinge.« Hiermit wird der schroffe Kontrast vorbereitet, in dem das Geschehen des nächsten Morgens zu dem hier Gesagten steht. Der Erzähler weist damit tiefsinnig auf die Grenze der Mahlgemeinschaft hin. Wo der Friede einer Gemeinschaft zerbrochen ist, kann er auch

durch die fröhlichste ›fidelitas‹ einer Tischrunde nicht geheilt werden. Dazu bedarf es schwereren, härteren Geschehens, wie es die Brüder nur zu bald erfahren sollen.

IV. Zur Darbietung

Das Wort ›Kontakt‹ ist heute ein viel gebrauchtes und manchmal ein Modewort geworden. Wir sagen, daß ein Mensch kontaktarm ist, wir veranstalten Kontaktabende und so weiter. Unser Kapitel hat uns zum Sinn dieses Wortes und zu seinem Gebrauch in unserer Gegenwart etwas zu sagen.
Es wird heute von vielen Seiten und auf vielerlei Weise gesagt, von wie großer Bedeutung der menschliche Kontakt für unser Dasein ist, und vieles, was dazu besonders in der gegenwärtigen Psychologie gesagt wird, ist von heilsamer Bedeutung, und wir sollten uns mehr damit beschäftigen. Aber zu dem, was heute im allgemeinen über Kontaktschwierigkeiten und deren Behebung gesagt wird, gibt dieses Kapitel der Josephgeschichte eine Korrektur hinzu, die für unsere Zeit besonders wichtig zu sein scheint. Es wird ein erstaunliches und für uns zunächst befremdliches Gewicht auf das gelegt, was wir ›äußere Formen‹ oder ›Umgangsformen‹ nennen: auf den Gruß, die Erkundigung, den Wunsch, das Geschenk, die Mahlzeit als Erbauung der Gemeinschaft und anderes. Wir sind von der Bedeutung dieser Vorgänge abgekommen durch eine ›Gesinnungsethik‹, in der immer wieder betont wurde: Auf die äußeren Formen kommt es nicht an, sondern allein auf die Gesinnung oder gar ›Herzensgesinnung‹. Diese Gesinnungsethik wurde mit christlicher Ethik vermischt, wobei dann alles auf die christliche Gesinnung oder die brüderliche Gesinnung o. ä. ankam. Hierbei sind wichtige biblische Tatbestände nicht mehr genügend beachtet worden. Wir beobachten jedenfalls in unserem Text, daß in den einfachen Vorgängen der Begegnung, wie in einem Wort des Grußes oder der Erkundigung, erstaunlich viel gesagt werden, oder besser: erstaunlich viel geschehen kann. Wir müssen daraus schließen, daß hier die dem Menschen und jeder Menschengemeinschaft schon vorgegebenen Formen der Begegnung ernst genommen werden als die unser gemeinsames Leben bestimmenden Möglichkeiten menschlichen Kontaktes. Der Grund dafür ist sofort zu sehen, wenn wir auf die Worte achten: Das

bestimmende Wort ist šalôm, Friede oder Heilsein der Gemeinschaft, und das steht im Alten Testament in engster Beziehung zum Segen. Um den Frieden, das Heilsein der Gemeinschaft geht es aber in unserer Erzählung nicht nur im Gebet, nicht nur in der Vergebung, sondern auch im Gruß und in der Erkundigung. Oder, anders gesagt: Die Gewißheit, daß der Friede einer Gemeinschaft aus Gott lebt und auf Gottes Segen beruht, reicht bis hinein in die alltäglichen Worte eines Grußes oder einer teilnehmenden Erkundigung.

Von dieser Erkenntnis her gehen wir an unserem Erzählungsabschnitt entlang und fragen nach dem, was hier zwischen den Menschen geschieht, vom Augenblick an, in dem die Brüder das Haus Josephs betreten, bis zu dem fröhlichen gemeinsamen Mahl am Schluß. Auf diesen Teil der Erzählung zurückblickend, wird uns besonders zu denken geben, wie mitten in ihm der Ruf »Fürchtet euch nicht!« steht, mit dem ein Fremder mit einem fremden Glauben die Brüder an ihren Gott und an den Gott ihres Vaters erinnert.

Achte Bibelarbeit:

Der Becher

1. Mose 44

I. Zum Text

1	śe'et	inf cstr q von naśa' tragen
4	hiśśăgtam	2. m sg perf hif von nśg (nur hif), einholen c suff 3. m pl
5	năḥeš jᵉnăḥeš	inf abs pi und 3. m sg impf pi von niḥeš (pi) wahrsagen
9	jimmaṣe'	3. m sg impf nif von maṣa' finden
10	nᵉqijjim	m pl von naqî(') ohne Schuld
12	wăjᵉḥăppeś	3. m sg impf pi von ḥapăś (durch-)suchen mit waw cons (pi: »gründlich«)
	heḥel	3. m sg perf hif von ḥll entweihen, hif anfangen
16	niṣṭăddaq	1. pl impf hitp von ṣdq rechtfertigen (ṭ statt t neben ṣ und Metathesis von ṭ u. ṣ)
20	wăjjiwwater	3. m sg impf nif von jtr (nif übrigbleiben) mit waw cons
23	tosipûn	2. m pl impf hif von jasăp hinzufügen, wiederholen
28	ṭarop ṭorap	inf abs q und 3. m sg perf pu (oder q passiv?) von ṭarăp reißen, zerreißen
30	qᵉśûrā	fem sg part pass q von qaśăr anbinden
31	kir'ôtô	inf q von ra'ā sehen c suff 3. m sg mit kᵉ; V. 34 ra'ā bᵉ anschauen, zusehen (sehen als Erlebnis)
33	ješæb	3. m sg Jussiv q von jašăb, hier: bleiben

II. Aufbau

1–17: Das Einstehen für die Schuld
    1–2: Das konstruierte Verbrechen
    3–6: Die (falsche) Beschuldigung
    7–9: Abweisung der Schuld und Verteidigung
    10–12: Der Becher in Benjamins Sack
    13–14: In die Stadt zurück
    15: Wiederholung der Beschuldigung
    16: Das Schuldbekenntnis
    17: Der Urteilsspruch, der den Jüngsten trifft.

18–34: Das Einstehen für den Bruder
    18: Juda bittet um ein Wort
    19–29: Wiedergabe des Geschehen
    30–31: Verantwortung vor dem Vater
    32: Erinnerung an die Bürgschaft
    33: Angebot der Übernahme der Strafe für den Jüngsten
    34: Hinweis auf das Leid des Vaters.

III. Zur Auslegung

Das Gerüst der Erzählung ist eine Rechtsverhandlung. Ein Diebstahl ist (scheinbar) begangen und entdeckt worden; dieser Fall wird verhandelt. Die Prozeßverhandlung oder Gerichtsverhandlung liegt im Alten Testament vielen Erzählungen als Gerüst zugrunde, so verschiedenen Erzählungen wie Gen. 3 und 2 Sam. 12. Dabei ist vorausgesetzt, daß die Gerichtsvorgänge dem alltäglichen Dasein sehr viel näher sind, als wir es heute empfinden. In den kleinen israelitischen Ortsgemeinden war die Rechtsverhandlung einer der wichtigsten Bestandteile des öffentlichen Lebens; das ist sehr schön dargestellt worden von L. Köhler, »Die hebräische Rechtsgemeinde«. Es scheint so, daß in neuester Zeit das Zugehören der Rechtsvorgänge zur Mitte menschlicher Existenz wieder stärker empfunden wird. Das zeigt sich z. B. in F. Kafka, »Der Prozeß«, wo auch das

Gerüst der gesamten Handlung eine Rechtsverhandlung ist. Wir können dann bei der Auslegung von Kap. 44 voraussetzen, daß es in dieser Verhandlung nicht um ein Sondergebiet Verbrechen, sondern um entscheidende Vorgänge des Menschseins überhaupt geht.

V. 1–17: Das Einstehen für die Schuld

V. 1–2: Hier wird ein Verbrechen konstruiert; es wird unschuldigen Menschen eine Falle gestellt, in der sie unweigerlich gefangen werden müssen. Eine moralische Beurteilung dieser Verhaltensweise Josephs ist von vornherein abzuweisen. Die Absicht des Erzählers ist, die Brüder in eine Situation zu bringen, die der außerordentlich nahesteht, von der das ganze Geschehen ausgegangen war. Man kann nicht einmal sagen, daß er die Brüder prüfen will; mit dem Wiederholen der Ausgangssituation ist eine Frage an die Brüder gestellt: Wie werden sie reagieren?

V. 3–6: Auf dem Weg in die Heimat werden die Brüder von der Beschuldigung eingeholt, der Beschuldigung, die ihnen ein nichtbegangenes Vergehen unterschiebt. In der Mitte der Beschuldigung steht der Satz: »Warum habt ihr Gutes mit Bösem vergolten?« Es ist ein Überfall, der den Brüdern nach der Atempause des freundlichen Empfangs und der Erfüllung ihrer bangen Wünsche wieder allen Boden unter den Füßen wegzieht. Wieder sind sie dem Mächtigen wehrlos ausgeliefert.

V. 7–9: Im Bewußtsein ihrer Unschuld sprechen die Brüder das Todesurteil über den Schuldigen, der nicht unter ihnen sein kann: »Der, bei dem es gefunden wird, der sei des Todes.« Dieses empörte Unschuldsbewußtsein aber vertieft im Gang der Erzählung nur das hilflose Ausgeliefertsein. Die nächsten Verse zeigen es.

V. 10–12: Die Spannung dieser Augenblicke ist in der Erzählung einfach und stark dargestellt. Nach ganz wenigen Sätzen ist das Ergebnis da: »Der Becher fand sich in Benjamins Sack.« Es wirkt nun wie ein Hohn, daß die von den Brüdern bestimmte Strafe vom Verwalter gemildert wird: »Der, bei dem es gefunden wird, der soll mein Knecht sein« (der Verwalter spricht im Namen Josephs).

V. 13–14: Die Kunst des Erzählers hat an dieser Stelle, anstatt auch nur ein Wort über die Gefühle der Brüder zu sagen, eine kurze Stille im Geschehen eingelegt. In wenigen Worten wird die Umkehr in die Stadt erzählt. Gleichzeitig aber bereiten diese Verse vor, was dann kommt: Die Rückkehr von dem Ort unterwegs, an dem die fingierte Tat aufgedeckt wurde, zu dem hin, der das Urteil zu sprechen hat, weist stillschweigend hin auf das, was dann folgen wird: die Umkehr in einem anderen Sinn. Daß dies wirklich gemeint ist, zeigt die Spannung zwischen dem Reden der Brüder nach der ersten Beschuldigung und ihrem Reden nach der in V. 15 wiederholten Beschuldigung. V. 13–14 ist zunächst Umkehr hin zu der höheren Instanz; von der Polizei, die den Dieb gefaßt hat, zu dem Richter, der das Urteil zu sprechen hat. Aber damit wiederum ist hintergründig das Umkehren zu einer höheren Instanz dargestellt. Vor dieser höheren Instanz tritt das Vergehen – das sie nicht begangen haben – in einen weiteren Horizont.

V. 15: Die Brüder stehen nun wieder vor Joseph. Er wiederholt die Beschuldigung. Wieder müssen ihnen seine Worte wie furchtbarer Hohn klingen: »Wußtet ihr nicht, daß ein Mann wie ich es gewiß erkunden würde?« Wieder ist der Satz hintergründig; das kann aber nur aus dem Folgenden deutlich werden.

V. 16: Das Erstaunliche ist der Gegensatz des hier folgenden Schuldbekenntnisses zu V. 7–9. Von der empörten Abweisung der Schuld dort ist nichts mehr übriggeblieben. Dazwischen liegt der Weg in die Stadt zurück (V. 13–14). Es braucht nicht erklärt zu werden, warum Juda jetzt so anders spricht. Alles ist gesagt mit dem entscheidenden Satz: »Gott hat die Schuld deiner Knechte an den Tag gebracht.«

Was ist der Sinn dieses Schuldbekenntnisses?

Der älteste Bruder als der Verantwortliche hat die im Augenblick unverständliche und sinnlose (der Kontrast zu dem fröhlichen Mahl am Vorabend!) Situation in einen Zusammenhang gebracht und ihr damit einen Sinn gegeben. Gott hat an den Tag gebracht, was die Brüder zu verdecken versucht hatten. Darum bekennt er sich als der Unschuldige schuldig. Es ist jetzt auf einmal nicht mehr entscheidend, daß die Brüder in diesem Fall unschuldig sind. Es ist aber entscheidend, daß der Schlag, der sie traf, seinen Sinn bekommt von der vergrabenen Schuld her. Hier ist erkannt, daß Schuld, Strafe und Vergebung ihre eigentliche Realität nur in der Verbindung mit der wirklichen Geschichte eines Menschen und einer Gemeinschaft haben, nicht in religiöser Abstraktion oder in einem kultischen Schema. Es ist erkannt, daß in dem verborgenen Zusammenhang von Schuld, Strafe und Vergebung eine Kraft geschichtlicher Bindung liegt: Das Leben der Brüder wird ein von jener Tat bis zu dieser Entdeckung sich erstreckendes Ganzes und bekommt darin einen Sinn. Es besteht nun nicht mehr aus unzusammenhängenden Einzelakten, über die längst Gras gewachsen ist oder bald Gras wachsen wird, sondern die Entdeckung erhellt ihr Dasein als einen Weg unter Gottes Augen.

Diese Erkenntnis des Zusammenhanges wird von dem ältesten Bruder realisiert in dem für alle gesprochenen Schuldbekenntnis, in dem er zu dem steht, was er erkannt hat. So wird das Schuldbekenntnis zu einem Akt menschlicher Freiheit in der Verantwortung. Darin gerade zeigt sich die Freiheit, daß er in einer Situation sich stellt, in der er unschuldig ist.

V. 17: Das Stehen zu der nun entdeckten Schuld müßte sich in der Bereitschaft zeigen, die Strafe zu übernehmen, auch wenn es jetzt im Augenblick unschuldig erlittene Strafe wäre. Aber gerade hier tritt die Komplikation ein, die alles noch schwerer macht: Die Strafe soll allein den Jüngsten treffen. Damit ist die Rekonstruktion der Ausgangssituation zu ihrem Ziel gekommen; nun ist es wieder wie damals. Nur mit dem Unterschied, daß die Brüder jetzt ihren Vater nicht zu belügen brauchen; es war höhere Gewalt, sie konnten nichts machen. Damit stehen die Brüder vor einer Entscheidung, die nicht mehr auf die gegenwärtige Stunde begrenzt ist; es ist eine Entscheidung im Blick auf die neu entdeckte Ganzheit, eine Entscheidung, die die Konsequenzen des nun aufgedeckten Vergehens einbeziehen muß.

V. 18–34: Das Einstehen für den Bruder

V. 18: Feierlich und umständlich bittet Juda um ein Wort. Die mit dieser Bitte eingeleitete Rede Judas wird damit herausgehoben; hier wird etwas Entscheidendes gesagt. Juda bittet um das Wort, weil er der Verantwortliche ist. Weil ihn der Vater fragen wird und er ihm dann Rede stehen muß, ist er am Wendepunkt des Geschehens der Sprecher der Brüder. Weil er später antworten muß, hat er jetzt die Vollmacht zum Reden; Rede und Antwort sind einander fest zugeordnet. Die Verantwortlichkeit des ältesten Bruders zeigt sich hier bis in ihre äußersten Möglichkeiten.

V. 19–34: Die Rede Judas hat (wie die Botenrede) einen indikativischen und einen imperativischen Teil, wobei der imperativische durch den indikativischen begründet wird. Der ganze Bericht über das bisher Geschehene V. 19–32 dient nur dazu, die eigentliche Bitte V. 33 zu begründen und zu erklären, die Juda an Joseph richtet (der noch folgende V. 34 faßt die Erklärung noch einmal kurz zusammen). Der indikativische Teil ist in sich noch so gegliedert, daß V. 19–29 das bisher Geschehene referieren, während V. 30–31 sagen, was geschehen wird, wenn die Brüder ohne den Jüngsten nach Hause kommen. In dieser so herausgehobenen und so klar gegliederten Rede Judas kommt der Erzähler zum Ziel der inneren Linie seiner Erzählung. Das äußere Geschehen kommt erst später zum Abschluß; das eigentlich zwischen Vater, Brüdern und jüngstem Bruder Geschehende kommt in dieser Rede Judas zu seinem Ziel.

V. 19–29: Die ausführliche Wiedergabe des bisher Geschehenen durch Juda hat zunächst den Sinn, die Bitte an Joseph zu unterbauen. Im Ganzen der Erzählung hat sie eine Bedeutung noch darüber hinaus; sie stellt das bisher Geschehene als Ganzheit dar unter Einschluß des ersten Aktes, des Verlustes Josephs. Damit wird unsere dem Schuldbekenntnis gegebene Deutung bestätigt; auch wenn Juda in seinem Bericht vom Vergehen der Brüder nichts sagt, fügt er in ihm doch das früher Geschehene mit dem gerade eben Geschehenen zusammen, indem er erklärt: Der Vater hat schon einmal seinen jüngsten Sohn verloren; würde er nun wieder den jetzt Jüngsten verlieren, so wäre das sein Tod. Entscheidend ist dabei: Der älteste Bruder sieht das Geschehene jetzt mit den Augen seines Vaters.

V. 30–31: Aufgrund des Berichteten kann er nun erklären, was geschehen wird, wenn die Brüder ohne »den Knaben, an dem seine Seele hängt«, nach Hause kommen. In diesen Worten ist das Anknüpfen an den Anfang und damit das Zusammensehen der Vergangenheit mit der Gegenwart am deutlichsten: Damals haben sie es fertiggebracht, die bittere Klage des Vaters (37, 33f.) anzuhören und zu schweigen. Jetzt sagt Juda: »Sobald er sieht, daß der Knabe nicht da ist, stirbt er, und deine Knechte haben dann das graue Haar deines Knechtes, unseres Vaters, mit Kummer in die Unterwelt gebracht.« Es sind die gleichen Worte, die Jakob damals sprach! Und in diesem Satz übernimmt Juda mit seinen Brüdern die Verantwortung: »wir haben... gebracht!« Mit diesem Wort gibt Juda eindeutig zu erkennen, daß sich etwas gewandelt hat.

V. 32–34: Was Juda bisher sagte, konnte er als der verantwortliche Sprecher für alle Brüder sagen. Nun aber tritt er aus dem Kreis der Brüder heraus und spricht für sich ganz allein. Juda fleht den ägyptischen Herrn nicht um Gnade an; er hat ja die Schuld und damit die Strafe bejaht. Seine Bitte hat nur damit zu tun, daß die Strafe den Falschen trifft; er will die Strafe auf sich selbst nehmen. Damit weist der Erzähler auf eine ganz neue

Möglichkeit für das Leben der Gemeinschaft. Was Juda hier anbietet, ist etwas für das antike Denken Unerhörtes. Es ist ein zweifacher Bruch mit dem Überlieferten: Einmal würde damit der Zusammenhang zwischen Tat und Tatfolge zerbrochen, darüber hinaus aber würde der Sinn der Strafe als etwas absolut Negatives verwandelt; die so übernommene Strafe soll dem Heilen der Gemeinschaft dienen. Wir wissen nicht, wie weit der Erzähler diesen Gedanken gedacht hat und ob er ihm eine allgemeinere Bedeutung gab; wir müssen uns hüten, hier etwas in den Text hineinzulegen. Eines aber ergibt sich klar aus dem Gang der Erzählung: Der Erzähler will hier zum Ausdruck bringen, daß das Sich-Einsetzen eines einzelnen mit seiner Existenz für die anderen unter Umständen der Heilung einer Gemeinschaft dienen kann. Hier zum erstenmal in der Bibel klingt die Möglichkeit einer die Gemeinschaft heilenden Stellvertretung an.

Im letzten Vers kommt die Menschlichkeit der Joseph-Erzählung, ihre Offenheit für das dem Menschen aufgegebene Dasein mit allen seinen Möglichkeiten und Grenzen zu einem schönen Ausdruck: »Ich könnte das schwere Leid nicht mit ansehen, das meinen Vater treffen würde!«

IV. Zur Darbietung

Beim Weitergeben dieses Kapitels kommt es darauf an, deutlich zu machen, daß der Erzähler hier das für ihn Entscheidende sagt. Es ist nicht nur der Wendepunkt, sondern zugleich der innere Höhepunkt der Erzählung. Dabei ist das Kapitel derart reich an Beziehungen zu unserem eigenen gegenwärtigen Dasein, daß man sich vor vielen Abschweifungen und Anwendungen hüten muß. Es kommt hier ganz besonders darauf an, daß das Geschehende für sich selbst spricht, daß man also einfach das Geschehende zu Wort kommen läßt. Man wird daher auf jeden Fall in der Darbietung der Gliederung des Textes folgen.

Wir können davon ausgehen, daß wir uns im kirchlichen Sprachgebrauch an ein so allgemeines und abstraktes Reden von Sünde, Strafe und Vergebung gewöhnt haben, daß diese Begriffe vielfach ihre Kraft und ihr Leben verloren haben. Unsere Erzählung geht nicht vom Begriff der Sünde und der Vergebung aus, sondern von ihrer Wirklichkeit im menschlichen Dasein. Da ist es nämlich meist nicht so, daß Sünde und Vergebung in einem direkten und überschaubaren Zusammenhang stehen. Auf die Verschuldung der Brüder ist viele Jahre gar nichts erfolgt. Es ist alles beim alten geblieben, und alles hat sich irgendwie wieder eingerenkt. Die Brüder konnten jahrelang glauben, daß es ihnen gelungen sei, ihre Schuld zu verdecken. Das Leben ging weiter. Aber dann kam der Tag, an dem Gott ihre Schuld gefunden hat, und zwar in einem vollkommen anderen Zusammenhang! Damit sagt uns die Bibel hier: Wir Menschen brauchen die Vergebung; wir kommen nicht ohne sie aus, und wir können nicht wirklich Schuld verdecken. Gott deckt sie auf, damit die Gemeinschaft wieder heil werden kann. Das geschieht aber eben nun nicht schematisch und übersehbar, so daß Gott den Schuldigen bestraft, oder so, daß auf ein Vergehen gleich Reue und Vergebung folgen. Im wirklichen Leben ist es eben so nicht. Sondern das Erstaunliche und Tiefgründige ist, daß Gott auch an denen weiterarbeitet, die ihre Schuld nicht bekennen, sondern im Verdecken ihrer Schuld beharren. Er gibt sie nicht auf. Und er kann es so fügen, daß ein solcher Mensch das Ja zu seiner Schuld an einem völlig anderen Ort und in einem völlig anderen Zusammenhang findet. Und gerade so kann Gott eine zerrissene Gemeinschaft heilen, wo nach menschlichem Ermessen nur aussichtslose Verstockung ist. Gerade so kann aber auch durch das Bejahen und Bekennen einer lange zurückliegenden Schuld in ein Menschendasein Sinn und Zusammenhang kommen. Der Theologe, der hier erzählt, will uns durch die Erzählung vom Wirken des Gottes erzählen, der den Frieden der Menschen will und ihn auf eine für uns oft verborgene Weise schafft; er will uns zugleich sagen, daß wir den Menschen in seiner ganzen Menschlichkeit ernst nehmen müssen, wo wir diesen Gott am Werk sehen.

Neunte Bibelarbeit:
Joseph gibt sich zu erkennen und verzeiht
1. Mose 45

I. Zum Text

1	hănniṣṣabîm	m pl pt nif mit art von nṣb, nif sich hinstellen
	bᵉhitwăddăʿ	inf abs hitp von jadăʿ erkennen, sich zu erkennen geben mit bᵉ
3	lăʿᵉnôt	inf abs q von ʿanā antworten mit lᵉ
4	gᵉšû	m pl imp q von nagăš nahen, herzutreten
5	teʿaṣᵉbû	2. m pl impf nif von ʿaṣăb tadeln, weh tun; nif sich grämen
7	hăḥᵃjôt	inf hif von ḥajā leben
8	wăjᵉśîmenî	3. m sg impf q von śîm stellen mit waw cons und suff 1. sg
11	kilkăltî	1. mg sg perf pilpel von kûl erfassen, pilp versorgen
	tiwwareš	2. mg sg impf nif von jarăš erobern, nif um Besitz gebracht werden
20	tăḥos	3. fem sg impf q von ḥûs: tăḥos ʿăjin ʿăl: d. Auge fließt wegen (hier: weint keine Träne nach)
26	wăjjapăg	3. m sg impf q von pûg kalt, schlaff sein mit waw cons
27	laśeʾt	inf cstr q von naśaʾ tragen, befördern mit lᵉ
28	ʾelᵉkā	1. sg Kohortativ q von halăk gehen

II. Aufbau

1–8: Joseph gibt sich zu erkennen, die Versöhnung
  1. 4b. 7: Das lösende Wort
    2–8: Das lösende Wort und Deutung des Geschehens
9–13: Auftrag der Botschaft an den Vater.

9: Botenauftrag
10–11: Angebot der Versorgung in Ägypten
12–13: Legitimierung des Auftrags
14–15: Versöhnung der Brüder
16–23: Zustimmung des Pharao und Geschenke
24: Abschied
25–28: Rückweg, Botschaft an Jakob und deren Wirkung.

III. Zur Auslegung

Es muß auffallen, daß Juda auf sein Wort, das er an den ägyptischen Minister richtet und dem in der Erzählung ein so großes Gewicht gegeben wird, anscheinend überhaupt keine Antwort erhält. Damit, daß Joseph alle ihn umgebenden Ägypter hinausgehen läßt, verändert er die Szene: Es ist der Kreis der Brüder, in dem sich das nun Folgende abspielt. Damit ist aber zugleich der Adressat, an den Juda seine Rede gerichtet hatte, ein anderer geworden. Dem Bruder hatte die Rede Judas offenbart, daß mit den Brüdern eine Wandlung vor sich gegangen war; wenn er sich ihnen jetzt als ihr Bruder zu erkennen gibt, so kommt damit zu der inneren die äußere Wandlung: Nun ist die Vergebung und die Versöhnung möglich geworden. Judas Rede war also keineswegs umsonst gewesen; sie bekommt ihre Antwort, auch wenn das eine völlig unerwartete Antwort ist.
Damit, daß Joseph sich seinen Brüdern zu erkennen gab, mußte er sie zuerst furchtbar erschrecken (V. 3b). Deshalb nimmt ihnen sein nächster Satz ihre Furcht und ihre Bestürzung (V. 5a) damit, daß er dem Vergehen der Brüder (»daß ihr mich hierher verkauft habt«) einen neuen Sinn gibt (V. 7). Aus dem Zusammenhang ergibt sich, daß Joseph mit diesem Satz »Gott hat mich euch vorausgesandt...« den Brüdern seine Vergebung ausspricht; er verbirgt den direkten Vergebungszuspruch hinter diesem Satz, in dem er das Gewicht von der Schuld der Brüder wegrückt: Ihr braucht keine Angst mehr zu haben; es ist ja alles gut geworden. Juda hatte eine Sühnung des Vergehens angeboten, indem er selber die Strafe auf sich zu nehmen bereit war. An die Stelle dieser Sühnung tritt in Josephs lösendem Wort die Vergebung, die eine solche Sühnung unnötig macht, weil sie eine Heilung bewirkt, die alle wieder zusammenführt. Der Ton liegt in dieser Darstellung also auf der Heilung durch die Vergebung;

diese Heilung aber wird dadurch noch überhöht, daß die Vereinigung der Familie nun zugleich die Erhaltung und Bewahrung der Familie bewirkt: »euch zu bewahren einen Rest im Lande.«

Das ganze Gewicht ist auf das Wort gelegt, das dem Handeln der Brüder das Handeln Gottes gegenüberstellt; man spürt das ganz deutlich, wenn der Erzähler den Satz erklärend und erweitert so aufnimmt: »Also, nicht ihr habt mich hierhergeschickt, sondern Gott!«

Dreimal begegnet in dieser Ansprache der gleiche Satz; es ist deutlich, wie der Erzähler bei ihm stehenbleibt, wie er ihn unterstreicht und wie er seinen Hörern sagen will: Hier hört ihr, worum es eigentlich in der Erzählung geht! Worum es geht, das ist das Walten Gottes über dem Menschengeschehen, das Lenken der Geschicke, das das menschliche Planen und Handeln völlig verwandeln und daraus etwas wirken kann, was seinem Plan entspricht (50, 20). Dieses Walten Gottes aber will das Leben der Menschen: »Was unser Gott geschaffen hat, das will er auch erhalten...«

Darum tritt in der Ansprache Josephs an die Stelle des Kontrastes zwischen der bösen Tat der Brüder und der Vergeltung mit Gutem durch Joseph, um den es ja eigentlich an dieser Stelle der Erzählung geht, der ganz andere Kontrast zwischen den das Leben vieler Menschen und vieler Familien bedrohenden sieben Hungerjahren und der durch Gottes Vorsehen schon längst in die Wege geleiteten wunderbaren Errettung, die das Leben vieler bewahrt. Diese Worte sind durchklungen von dem Lob des bewahrenden, das Leben erhaltenden Gottes, so wie wir es aus den Psalmen hören. Dieses Lob des bewahrenden Gottes ist verbunden mit der in der Erzählung entfalteten Erkenntnis, daß das bewahrende Wirken Gottes tief verborgen sein kann hinter einem Vordergrund menschlichen Handelns, der von lebensverneinenden Kräften bestimmt ist, von Haß und Lüge. Einmal aber kommt die Stunde, da zerreißt die dünne Fläche dieses Vordergrundgeschehens, und der Mensch vermag hinter ihm staunend und anbetend das Leben bewahrende Handeln Gottes wahrzunehmen, zu erkennen: »Nicht ihr habt mich hierhergebracht, sondern Gott!«

Von Rad (a. a. O.) sagt zu dieser Stelle: »Hier redet Joseph endlich offen von Gott, und hier lüftet sich der letzte Schleier, denn hier tritt endlich das zutage, was in Wirklichkeit das Hauptthema der ganzen Geschichte ist: die Hand Gottes, die alle Wirrnisse menschlicher Schuld zu einem gnädigen Ende führen will... Joseph will alle Aufmerksamkeit auf das Wichtig-

ste konzentrieren, auf die Führung Gottes, die sich all dieser dunklen Dinge zum Heil bemächtigt hat« (S. 19f.). Etwas später fährt von Rad nun aber fort: »Ich möchte nicht verschweigen, daß dieses überaus tröstliche Wort Josephs durch sein geradezu schroffes Auseinanderhalten von göttlichem und menschlichem Tun am Anfang eines theologisch bedenklichen Weges steht; denn es verweist ja das Handeln Gottes in eine radikale Verborgenheit, Ferne und Unerkennbarkeit«, und er verweist auf Pred. 3, 11; 8, 17; 11, 5: »Die Skepsis des Predigers hat weit zurückliegende Wurzeln!« (S. 22f.)
Dieser Hinweis auf die Grenze des in der Ansprache Josephs Gesagten ist sehr ernst zu nehmen. Er hängt damit zusammen, daß von Rad die Josephgeschichte in einer nahen Beziehung zur Weisheit sieht; zu 50, 20 weist er besonders auf die Worte:

»Des Menschen Herz denkt sich seinen Weg aus;
aber der Herr lenkt seinen Schritt.« (Spr. 16, 9)
»Die Schritte des Mannes lenkt der Herr.
    Wie könnte der Mensch seinen Weg verstehen?« (Spr. 20, 24)

Aber wenn diese Worte inhaltlich der Summa der Joseph-Erzählung sehr nahestehen, darf man doch nicht übersehen, daß die Worte Josephs in 45, 4–8 in einem Augenblick gesprochen sind, in dem, wie von Rad selbst sagt, »sich der Schleier lüftet«, d. h. in dem das wunderbare, Leben erhaltende Handeln *offenbar* wird! Das ganze Pathos unserer Stelle liegt gerade darin, daß der Schleier sich gelüftet hat und *Erkenntnis* möglich geworden ist! Die Verborgenheit des Handelns Gottes ist hier nicht an sich betrachtet, sondern im Blick auf ihr Ziel, und das Ziel ist das Erhalten und Bewahren des Lebens. Daher sehe ich dieses Wort in einer größeren Nähe zum Gotteslob, zum Lob des erhaltenden und bewahrenden Gottes, wie wir es aus den Psalmen kennen. Gefährlich wird diese Sicht erst da, wo das verborgene Handeln Gottes von seinem Ziel, dem Erhalten und Bewahren des Lebens, abgelöst und an sich, absolut betrachtet wird.

V. 25–28: Es brauchen nur noch einige Worte zum Abschluß des Kapitels gesagt zu werden. Wichtig ist hier die Wirkung der Botschaft der heimkehrenden Brüder auf Jakob: »Aber sein Herz blieb kalt, denn er glaubte ihnen nicht« (Übers. Gunkel). Wie viel vermag ein so einfacher Satz zu sagen! Es ist einer der vielen Sätze in der Josephgeschichte, die die Kraft haben, weite Zeiträume zu überbrücken. Hier hören wir, daß die Lüge, mit der die Brüder ihre Schuld zugedeckt hatten, doch weitergewirkt hatte.

Der Vater war mißtrauisch geworden, und das zeigt sich jetzt. Wenn der Friede, das Heilsein einer Gemeinschaft an einer Stelle zerrissen ist, so wirkt sich dieser Riß auf alles aus. Wenn das Mißtrauen einmal da ist, bleibt es und frißt es weiter. So wird in diesem Wort am Ende noch einmal klar, wie tief der Riß war und wie wunderbar nun die Heilung.
Was die Heilung der Gemeinschaft für den Vater bedeutet, ist wiederum höchst einfach und höchst prägnant gesagt: »da lebte ihr Vater Jakob wieder auf«, und: »Genug, daß Joseph, mein Sohn, noch lebt! Ich werde ihn sehen, bevor ich sterbe.« Damit, so will der Erzähler sagen, ist die Klage des Vaters vom Anfang (37, 34f.) gestillt. Das Zugehen auf seinen Tod ist gewandelt. Er wird nun nicht »mit Kummer in die Unterwelt hinabsteigen«, sondern er wird sein Kind sehen und darin das Heilsein seines Lebenskreises erfahren, so daß er in Frieden sterben kann.
Damit also endet der Bogen über dem Gesamtgeschehen, daß ein alter Mann in Frieden sterben kann. In diesem abschließenden Zug zeigt sich noch einmal die großartige, tiefe Menschlichkeit der Erzählung.

IV. Zur Darbietung

Da das 45. Kapitel den Höhepunkt und zugleich den eigentlichen Abschluß der Josephgeschichte bildet – es folgt nichts wesentlich Neues mehr –, wird für die Darbietung dieses Textes viel von der bisherigen Gestaltung der Reihe abhängen; sie kann von daher recht verschieden sein. Legt man nur dieses Kapitel zugrunde, kann man die Darbietung nach den drei Textgruppen einteilen, die in der Auslegung herausgehoben wurden.
Im ersten Teil geben wir wieder, wie das vergebende Wort Josephs die Lösung der Verhärtung, die Lösung aller Verworrenheit, die Lösung der Furcht bringt. Es wird hier vor allem darauf ankommen, zu zeigen, wie in einem menschlichen Wort des Vergebens etwas von den Gedanken des Friedens wirksam werden kann, die Gott über unsere Menschenwelt denkt (Jer. 29). Unsere Erzählung gibt uns die Möglichkeit, den gegenwärtigen Hörern etwas von der sinngebenden Kraft klarzumachen, die von einem vergebenden Wort ausgehen kann. Allerdings: Unsere Erzählung zeigt auch, daß es am rechten Ort und zur rechten Stunde gesprochen werden muß. Offenbar war es bei dem fröhlichen

Beisammensein am Abend vorher nicht am Platze. Es muß ein kostbares Wort bleiben.

Im zweiten Teil ist die Deutung des Geschehens von 50, 20 her zu entfalten. Dazu ist in dieser Auslegung und vorher in der Einleitung genug gesagt worden; es bleibt dem Darbietenden die Entscheidung zwischen den beiden oben angedeuteten Richtungen der Deutung, ob er also das Wort mehr von der Weisheit (von Rad) oder mehr vom Gotteslob her erklären wird.

Im dritten Teil wird die Darbietung wie die Erzählung selbst zu den einfachen Linien des Schmerzes und der Freude des Vaters zurückkehren. Man kann von den Worten des Textes in unsere Wirklichkeit hinübersehen; daß ein alter Mann in Frieden stirbt, ist hier das Ziel der ganzen Geschichte; wie viel wird dann für das Heilsein einer Gemeinschaft – auch heute! – davon abhängen, daß dieses ›Sterben in Frieden‹ ernst genommen, daß der Friede Gottes als bis in das Sterben eines alten Menschen hineinreichend ernst genommen wird!

Mit dem Nachsinnen über den Zusammenhang der befreienden Bejahung einer Schuld und des lösenden vergebenden Wortes mit diesem Sterben in Frieden beschließen wir unser Hören der Joseph-Erzählung.

Zehnte Bibelarbeit:

Jakob segnet den Pharao

1. Mose 47, 7–10

I. Zum Text

7	wăjjabe'	3. m sg impf hif von bô' kommen, hif bringen
	wăjjă'ᵃmidehû	3. m sg impf hif von 'amăd stehen c suff 3. m
8	kămmā	zusammengesetzt aus kᵉ und mā wieviel
9	hiśśîgû	3. pl pf hif von naśăg berühren, erreichen

Den Schlußteil, Kap. 46–50 (ohne 49), kann man auf ganz verschiedene Weise darstellen. Zu dem Abschluß des vorher Berichteten, also der Reise Jakobs nach Ägypten, dem Wiedersehen mit seinem Sohn Joseph, dem Sich-Niederlassen in Ägypten, dem Tod und Begräbnis des Vaters und schließlich Josephs Tod, nachdem er noch einmal den Brüdern vergeben hatte – zu dieser Hauptlinie der Erzählung treten in Kap. 46–50 allerlei Erweiterungen, die bei einer Gesamtdarstellung der Josephgeschichte entbehrlich sind. – Hier soll aus dem ganzen Schlußteil nur noch eine einzelne Szene behandelt werden, wie Jakob durch seinen Sohn dem Pharao vorgestellt wird und ihn segnet. Diese Szene gehört der Priesterschrift (= P) an; zu dieser gehören in 37–50 außer den ersten Worten in Kap. 37 und einigen Fragmenten nur noch einige kleine Teile in 47–50.

Der Text:

»Joseph brachte seinen Vater hinein und stellte ihn dem Pharao vor.
Und Jakob entbot dem Pharao den Segensgruß.
Darauf fragte der Pharao Jakob: Wie alt bist du?
Jakob antwortete dem Pharao:
Die ganze Zeit meiner Pilgerschaft ist 130 Jahre.
Kurz und voll Leid war die Zeit meiner Lebensjahre,
und sie reicht nicht an die Zeit der Lebensjahre,
die meinen Vätern beschieden war.
Und Jakob segnete den Pharao und ging von ihm hinaus.« (V. 7–10)

II. Zur Auslegung

Es ist nicht schwer, sich diese Szene vorzustellen, wie der alte Mann vor den Thronsitz des Pharao geführt wird, in eine ihm fremde, erdrückend prunkvolle Umgebung, in einen Kreis der Minister und Beamten des Königs, von denen jeder dem Jakob so erscheinen mußte wie seinen Söhnen der hohe Beamte, vor den sie mit der Bitte um Korn getreten waren. Dennoch zeigt das Auftreten Jakobs in dieser kurzen Szene eine eigentümliche Würde. Jakob wird vor den Pharao geführt und – er segnet ihn. Ein fremder alter Mann, ein Hirte von der Steppe, der durch seine Söhne den Minister des Pharao hatte um Brot bitten müssen, vollzieht die Gebärde des Segnens an dem Mächtigen, dem Göttlichen!

Schwerer ist die Frage zu beantworten, was der Verfasser der Priesterschrift mit dieser Szene sagen wollte und was er mit ihr an dieser Stelle sagen wollte. Da P eine ausgeführte Joseph-Erzählung nicht hat, gehört die Szene in seinem Aufbau eigentlich zum Kreis der Jakob-Erzählungen und steht kurz vor deren Abschluß, schon beim Übergang von den Vätergeschichten zu den in Ägypten einsetzenden Exodusereignissen. In diesem Übergang kommt der Szene ihre besondere Bedeutung zu. Der Segen ist ein für das Wirken Gottes in der Väterzeit bestimmender Begriff; aber P kennt auch einen der Schöpfung geltenden Segen, 1, 28; mit der Erschaffung des Menschen ist seine Segnung verbunden. Zum Abschluß der Vätergeschichte bei P steht die Segnung des Pharao durch Jakob als ein Zeichen dafür, daß der den Vätern verliehene und in der Reihe der Väter den Kindern weitergegebene Segen (so wie in Kap. 48, Jakob segnet Ephraim und Manasse) über die Reihe der Väter hinausreicht und ein für die Menschheit bestimmter Segen ist. Außerdem zeigt die Szene den Zusammenhang des im Zug der Gesetzgebung eingesetzten Priestersegens (Num. 6, 24–46) mit dem Vätersegen, von dem er herkommt.

Das Gespräch zwischen beiden ist scheinbar inhaltlos und konventionell, wie das ja bei Audienzen und Empfängen üblich ist. Aber wir fanden in der Vätergeschichte immer wieder, daß solche Formen des Begegnens sehr ernst genommen werden und jedes Wort darin seinen Sinn und seine Funktion hat. Der Pharao erkundigt sich nach Jakobs Alter. Die Frage verbindet für einen Augenblick den Menschen, der das Amt des Königs hat, mit dem geringen Fremden. Sie fragt nach dem, was beiden gemeinsam ist: nach dem Weg von der Kindheit auf die Höhe des Mannesalters in das Alter, auf den Tod zu. So versteht Jakob die Frage; er nimmt sie ernst und antwortet der Teilnahme mit einem Teilgeben. Seine 130 Jahre waren für Jakob »kurz und voll Leid«: die Ziffer der Jahre steht für eine Geschichte. Beide Worte aber, mit denen er diese Geschichte charakterisiert, enthalten einen Widerspruch oder doch einen Anstoß.

130 Jahre nennt Jakob ein kurzes Leben. Zwar waren seine Väter noch älter geworden, und hohes Alter galt als ein Zeichen besonderer Zuneigung Gottes; dennoch wußte Jakob, daß sehr viele Menschen in seiner Umgebung nur einen Bruchteil dieser Lebenszeit gehabt hatten und daß es nach landläufiger Meinung ein langes Leben war. Wenn er sein Leben kurz nennt, so spricht daraus eine Erkenntnis des menschlichen Lebens, die von hoher Warte in große Weiten der Zeit zu sehen gelernt hat. Vielleicht hat er darüber hinaus dem Pharao etwas gesagt, was dieser im Gedanken an die Pyramiden seiner Väter und an seine eigene verstand. Wenn Jakob von seinem Leben sagt, daß es »voll Leid« war, so ist das auch nicht einfach eine einsichtige Beschreibung seines Lebens. Jakob steht vor dem Pharao als der mit seiner Familie vor der Hungersnot Gerettete, mit seinem Sohn Vereinte, als der in vielen Bedrohungen Bewahrte. Man kann das, was er hier von seinem Leben sagt, im Sinne des P nur verstehen von dem Begriff des Segens her, der die ganze Szene bestimmt. Jakob sagt dies als der Gesegnete, der zu segnen vermag. Und so bringt er zum Ausdruck, daß sein Leben als das eines Gesegneten ein Leben voll Leid war. Dies gerade ist die reife Frucht seiner Erfahrung mit Gott. Er hat gelernt, daß der Gesegnete ein Mensch bleibt mit seinen Grenzen und mit seinen Verfehlungen. Er hat erfahren, daß Gottes Segen mit einem ›fremden Tun‹ Gottes verbunden sein kann: mit dem Elend des Flüchtlings, mit dem Ausgeliefertsein des Knechtes, mit dem Sich-Beugen vor dem ungesegneten Bruder. Er war gesegnet worden mit vielen Söhnen, aber der Segen hatte ihm bittere Schmerzen eingebracht. Diese Erfahrungen haben die Antwort geformt, die Jakob hier dem Pharao gibt.

Es folgt nichts weiter, als daß Jakob, Abschied nehmend, den Pharao segnet. Und dies ist wiederum mehr als eine Form. Was im Alten Testament mit Segnen gemeint ist, kann besonders eine Stelle im Hiobbuch zeigen, wo Hiob im Rückblick auf sein früheres Dasein sagt: »Der Segen des Verlorenen kam über mich...« (29, 13; vgl. 31, 20); hier ist im Segnen das Danken enthalten, aber es ist doch viel mehr als dies. Sogar ein Bettler kann einen Reichen und Mächtigen segnen; der Ärmste und Elendeste hat im Segen immer noch etwas, was er geben kann; denn im Segen wirkt ja Gott, und der Segnende vermittelt in seinem Segnen den Segen Gottes. Die Menschenwürde ist darin begründet, daß jeder Mensch diese Möglichkeit hat, einen anderen Menschen zu segnen, d. h. ihn durch sein segnendes Wort mit der Kraft Gottes in Verbindung zu bringen. Auch der elendeste Mensch verliert diese Möglichkeit nicht. Segnen kann nicht nur der Priester und der König; segnen kann auch der Bettler und der Verlorene. Wenn der sterbende Vater seine Kinder segnet, kommt darin zum Ausdruck, daß dieses nun zu Ende gehende Dasein die Möglichkeit und Fähigkeit des Segnens und in ihr seine Würde hatte.

Von da aus fällt ein Licht auf die eigentümliche Tatsache, daß im Hebräischen das Wort für segnen, baräk, auch loben oder preisen heißen kann. Im Gotteslob kann das Alte Testament geradezu das eigentliche, das erfüllte Dasein sehen: »Leben, Leben, das lobt dich, wie ich dich heute« (Jes. 38, 19). Gotteslob und Segen gehören darin zusammen, daß in beidem ein Mensch sich und seine Mitmenschen mit dem Strom der Kraft verbindet, die das Geschehende bewegt, mit der »Quelle des Lebens«. Die Würde des Menschen beruht auf der Möglichkeit dieser Verbindung. Die Möglichkeit, Gott zu loben, und die Möglichkeit, einen Mitmenschen zu segnen, bleibt dem Menschen auf allen Höhen und in allen Abgründen seines Daseins. Sie bleibt ihm, sie gehört zu seinem Menschsein, weil Gott ihn nach seinem Bilde geschaffen hat. Darin, daß Gott den Menschen nach seinem Bilde geschaffen hat, liegt seine Würde begründet. Die ›Gottesebenbildlichkeit‹ besteht nicht in irgend etwas am Menschen Konstatierbarem, sondern Gott hat den Menschen zu seiner Entsprechung geschaffen und ihm damit die Möglichkeit dieser Verbindung gegeben.

Mit dem Segen hängt aufs engste der Friede zusammen. Vom Zerbrechen des Friedens und seiner Heilung handelt die Joseph-Erzählung. Der Friede einer Gemeinschaft lebt von der Segenskraft Gottes. Wenn er zerbricht, ist eine Heilung nur möglich durch das Wiederfinden der Verbindung mit dieser Kraft (44, 16). In der Segnung des Pharao durch Jakob wird am Schluß der Joseph-Erzählung diese Verbindung des Friedens mit dem Segen noch einmal abschließend unterstrichen; sie liegt auf dem Weg, auf den Abraham von Gott geschickt wurde mit der Verheißung: »In dir sollen gesegnet werden alle Geschlechter der Erde« (12, 1–3). Und damit weist diese Segnung des Pharao durch Jakob über sich hinaus in eine Geschichte, deren Ziel der endgültige und für alle gültige Friedensschluß ist.

III. Zur Darbietung

Diese Bibelarbeit soll den Abschluß der ganzen Reihe bilden; die wichtigsten Motive und Linien sollen hier noch einmal anklingen und in einen größeren Zusammenhang gestellt werden.
Man kann von der Frage nach der Menschenwürde in unserer Zeit ausgehen. Was verstehen wir heute darunter? Wo und wie tritt sie in unserer Zeit besonders in Erscheinung, wo und wodurch ist sie im Zeitalter der Massen und der Maschinen besonders gefährdet? Und wir fragen weiter, was die Bibel zur Würde des Menschen sagt, was sie darunter versteht und was sie damit für unsere Zeit bedeuten kann. Damit sind wir bei unserer Szene, wie Jakob dem Pharao vorgestellt wird und ihn segnet. Was wir unter Menschenwürde verstehen, kommt hier zu einem eigentümlichen, starken Ausdruck. Die Szene strahlt darin etwas von Menschenwürde aus, daß trotz des gewaltigen Abstandes zwischen dem König des ägyptischen Reiches und dem geringen Wanderhirten Jakob etwas darstellt und etwas zu sagen hat, was zu der Höhe des Pharao hinaufreicht. Was ist das? – Die Szene mit den Worten, die dabei gewechselt werden, ist nun so zu erklären, daß sie selber zu sprechen vermag. Dabei wird am Ende die Frage stehen: Was ist damit gemeint, daß Jakob den Pharao segnet, was geschieht eigentlich in diesem Segen?
Hier ist nun in einigen wesentlichen Linien, etwa der hier gegebenen Auslegung folgend, zu erklären, was im Alten Testament Segen bedeutet. Von dem Zusammengehören von Segen und Frieden her kann noch einmal an die Hauptzüge der Joseph-Erzählung erinnert werden, und diese wiederum ist abschließend in den weiteren Zusammenhang der ganzen Vätergeschichte zu stellen durch den Bogen, der sich von der Verheißung an Abraham Gen. 12, 1–3 bis zu dieser Segnung des Pharao durch den greisen Jakob zieht. So ist es dann auch möglich, auf den noch weiteren Zusammenhang, den Ort der Joseph-Erzählung im Ganzen der Bibel und auf das Ziel zu weisen, auf das hin die Joseph-Erzählung als ein Teil der Vätergeschichte offenbleibt.

Elfte Bibelarbeit:
Endgültige Vergebung
1. Mose 50, 15–21

I. Vorbemerkung

In der hier vorgeschlagenen Reihe bildet die 10. Bibelarbeit (zu 47, 7–10) den endgültigen Abschluß. Man kann an ihre Stelle eine Auslegung von 50, 15–21 setzen; man kann aber auch diesen Text mit der 9. Bibelarbeit, also mit der zu Kap. 45 verbinden.

II. Aufbau

50, 15–21 ist der eigentliche Abschluß der Joseph-Erzählung.
  15: Furcht der Brüder nach dem Tod des Vaters
  16–17: Botschaft an Joseph unter Berufung auf den Vater und deren Wirkung
  18: Angebot der Brüder, Josephs Sklaven zu werden
  19–21: Josephs Antwort: Verzeihung und Versorgung
    19: Fürchtet euch nicht, ich bin nicht Gott
    20: Ihr – aber Gott
    21: Fürchtet euch nicht – ich werde für euch sorgen.

Diese Gliederung beruht auf dem Aufbau der Heilszusagen, wie sie besonders in der Verkündigung Deuterojesajas begegnen: Auf den Bericht von der Furcht der Brüder, die in dem Augenblick wieder erwacht, wo der Vater nicht mehr lebt (V. 15), und ihren Versuch, unter Berufung auf den Vater den drohenden Zorn oder die drohende Vergeltung Josephs abzuwenden (V. 16f.), folgt die Begegnung: Die Brüder in ihrer Angst bieten Joseph an, seine Knechte zu werden, und fallen mit diesem Angebot vor ihm nieder. Es ist noch einmal das Traummotiv, gesteigert durch den Zug der freiwilligen Unterwerfung. Da hinein ergeht die Antwort Josephs, die ihnen alle Furcht nimmt und sie der vollen Vergebung gewiß macht. Die Antwort Josephs beginnt mit dem »Fürchte dich nicht!« der Heilszusage. Diese hat wie bei Dtjes eine nominale (hier nur negativ: Ich bin nicht...), eine perfektische (Gott hat getan; hier erweitert) und eine futurische (Ich will euch versorgen) Begründung, wobei bei der futurischen Begründung das »Fürchte dich nicht!« noch einmal aufgenommen wird. Diese volle Übereinstimmung der Antwort Josephs mit der Heilszusage ist erstaunlich. Was bedeutet sie für das Verständnis des Satzes in ihrer Mitte? Der Satz heißt:

»Habt ihr auch über mich Böses gedacht (= geplant),
Gott hat es (das Böse) zum Guten gedacht,
um zu bewirken, was jetzt vorliegt,
viele Menschen am Leben zu erhalten!« (V. 20)

Von der Struktur der Heilszusage her gesehen, ist dieser Satz eine Erweiterung, sein Kern ist die perfektische Begründung: Gott hat... zum Guten gedacht. Alles andere erklärt und erweitert diesen entscheidenden Satz. Der Satz soll den Brüdern die Furcht nehmen. Er ist dann keine allgemeine *Aussage* über Gott (darin ist er wesentlich unterschieden von den Sentenzen aus den Prov., die von Rad hierzu anführt, vgl. zu Kap. 45), sondern *Zuspruch*, der verkündet, daß Gott etwas getan hat. Man kann in diesem Satz eine geradezu klassische Erklärung der providentia Dei, der Vorsehung, finden; man muß aber gleich dazu sagen, daß es nicht eine Lehre von der Vorsehung ist, sondern Bezeugung eines bestimmten, in einer bestimmten Situation erfahrenen Tuns Gottes, das nun wieder nicht allgemein das Handeln Gottes überhaupt meint, sondern ein sehr bestimmtes, sein Leben erhaltendes, bewahrendes Tun. Das bezeugt Joseph hier, und darin preist er Gott, der verborgen unter der bösen Tat der Brüder und verborgen unter dem Leidensweg Josephs diese Bewahrung erreicht hat. Das tröstende Wort Josephs an seine Brüder ist also in seinem Kern Gotteslob. Für die weitere Bedeutung des Wortes verweise ich auf das zu Kap. 45 und in der Einleitung Gesagte.

Zum Abschluß der ganzen Reihe kann man sich noch einmal den Verlauf der Erzählung als ganzer unter dem Gesichtspunkt der Einleitung – »Es gibt wohl keinen Teil der Bibel, der so menschlich von Gott redet« – vergegenwärtigen. Man mag sich dabei die Frage stellen, ob nicht unser Reden von Gott viel zu sehr belastet ist von Gedanken und Gedankengebilden, die doch nicht das Eigentliche treffen, was uns die Bibel von Gott sagt.